Heimat und Spiritualität

Über Natur, Heimat und einen lokalen Schamanismus

Autor: Wolf E. Matzker, 2015-2016 – 15.01.2017
Herstellung und Verlag: **BoD - Books on Demand**, Norderstedt
Cover: Heide bei Niederhaverbeck
Symbole: S.3: Rune Wunjo (Freude), gekippt; S.10: Entfaltung der Naturkräfte; S.140: Wesen des universellen Schamanismus
ISBN: **9783743166127**

Heimat und Spiritualität

Über Natur, Heimat und einen lokalen Schamanismus

Wolf E. Matzker

Inhaltsverzeichnis:

1. Vorwort — S. 005
2. Die Mutter des Meeres — S. 011
3. Die Göttin der Heide — S. 023
4. Etwas ganz Anderes — S. 030
5. Land der Göttin — S. 049
6. Eine alte Kultstätte — S. 059
7. Die Idee einer lokalen Naturverbundenheit — S. 069
8. Mein spirituelles Heimatland — S. 077
9. Bäume und Heimat — S. 084
10. Die große Mutter und die Heimat der Seele — S. 089
11. Kultstätten der Göttin — S. 111
12. Rituale für die Große Mutter — S. 126
13. Warum das Christentum gar nicht zu uns gehört — S. 130
14. ein neuheidnisches, schamanisches Bekenntnis des Lebens — S. 134

Wangerooge, Osten

Vorwort
zum Begriff „Heimat"

„Heimat" ist sicher immer noch ein problematischer Begriff. Warum eigentlich?

Haben wir keine Heimat oder wollen wir keine haben? Können oder wollen wir uns zu unserer Heimat nicht bekennen? Haben wir ein gestörtes Verhältnis zur eigenen Heimat, so wie man ein gestörtes Selbstwertgefühl haben kann? Und welche Heimat meinen wir eigentlich?

Die Heimat ist das Heim in der Landschaft, das Zu-Hause in einer bestimmten Region. Der Boden, das Klima, die Vegetation, die Tiere, die Menschen, die Sprache einer Region und nicht zuletzt die Geister der Natur bilden die Heimat.

Heimat oder Heimatland ist eine Region, die man kennt, die man zu Fuß erwandern kann, vielleicht in ein bis drei Tagen. Was einen größeren Umkreis als 30 bis 50 Kilometer hat, ist oft schon wieder eine andere Region.

Der heutige Mensch denkt, da er schnell, eigentlich zu schnell, mit dem Auto durch Deutschland fahren kann, sofern es keinen Stau gibt, dass er überall leben könne, dass er überall sein Zuhause, seine Heimat haben könne. Es käme ja vor allem auf die „Freunde" an. Ich halte das für eine Illusion. Man kann auf diese Weise nirgendwo Wurzeln haben. Ob man sich überhaupt Wurzeln schaffen kann, das ist sowieso eine Frage. Müssen nicht Wurzeln entstehen, in den frühen Lebensjahren? Müssen in dieser Zeit nicht gute und starke Wurzeln entstehen? Muss nicht in dieser Zeit eine tiefe und starke Verbundenheit mit einer Region, einer Heimat, einem Land der Ahnen aufgebaut werden? Muss das nicht alles ganz normal sein, einfach, unkompliziert und natürlich?

Gerade der Bezug zu den Ahnen ist heute vielfach verloren gegangen. Was nützen mir Ahnen in Schlesien, wenn ich dort nicht bin und nicht lebe? Was nützen mir gefühlte Ahnen am Baikalsee, wenn ich dorthin nicht reisen und schon gar nicht leben kann? Was nützen mir Ahnen, wenn ich von denen real eigentlich nichts weiß und vielleicht nicht einmal deren Namen und Personen kenne? Bei sehr vielen Menschen ist viel verloren gegangen. Die moderne Industriewelt zerstört vieles, auch das. Sie will nur willige Sklaven haben, sonst nichts, keine Menschen, Sklaven, Konsumenten, dumme Schafe, die einer Spaß-Gesellschaft frönen. Erde und Heimat, Natur und Verwurzelung, das ist nichts für den Spaß. Das ist vorhanden oder eben nicht. Wenn es vorhanden ist, dann gibt es Ruhe und eine innere Zufriedenheit, um Spaß geht es hier nicht. Die Verwurzelung gibt Heimat, Kraft, Verbundenheit und Treue zur Erde.

Ich schreibe von Heimat, weil ich eigentlich keine habe, denn meine Eltern kommen aus sehr unterschiedlichen Regionen Deutschlands. Meine Heimat könnte Friesland sein, aber dort bin ich nur aufgewachsen. (Friesland ist die Region um Jever. Das bekanntere Ostfriesland liegt westlich davon, ist also bereits eine andere Region.) Meine Heimat könnte die Wildeshauser Geest sein, aber dort bin ich immer nur Gast gewesen, so wie in Südtirol oder im Bayrischen Wald. Meine Heimat könnte die Gegend sein, in der ich seit über zwanzig Jahren wohne, aber sie ist doch nicht richtig meine Heimat geworden, weil das Klima hier ein anderes ist als an der Nordseeküste, und auch die Sprache und die Mentalität der Menschen sind mir fremd geblieben.

Ich bräuchte eine Seelen-Heimat. Eigentlich bräuchten wir alle eine, denke ich. Eine starke Seelenheimat! Teilweise haben mich die vielen Zerstörungen sehr verletzt, z.B. der verschwundene Geniusstrand in Wilhelmshaven, mit Windrädern vollgetackerte Weiden, das verschwundene Wattenmeer am Jadebusen. Dadurch gehen Natur und spirituelle Heimat verloren und die Seelenwunden bleiben für immer.

Mich interessiert vor allem der spirituelle Aspekt von Heimat. Wo, an welchem Ort, in welcher Landschaft fühle ich mich spirituell zuhause? Das Christentum kommt aus Kleinasien. Der Buddhismus aus Nordindien, Nepal. Die indianischen Religionen aus Amerika. Der Schamanismus aus dem Altai und anderen Regionen.

Was kommt aus Niedersachsen? Was ist die wahre Religion – also spirituelle Lebensform – von und in Niedersachsen? Was kann uns da „Heimat" sein?

Zum Begriff der „Göttin"

Die Natur ist immer die Natur, sie wird immer die Natur bleiben.

Wir können sie personifizieren, also „Göttin" nennen. Wenn wir sie so nennen, dann wollen wir damit gewisse Qualitäten zum Ausdruck bringen. Die weibliche Schöpferkraft, denn Mütter schenken das Leben. Schutz, Fürsorge, Nahrung, Früchte wären Begriffe, die man nennen könnte.

Die GROSSE MUTTER oder die GÖTTIN stehen in einem Kontrast zu den patriarchalischen Denkmustern, die in der Vergangenheit vertreten wurden und leider immer noch vertreten werden. In der Ur-Religion geht man von einer Großen Ur-Mutter aus, die alles Leben geschaffen hat und immer noch weiter kreiert. Die Evolution ist nicht beendet. Das Leben entfaltet sich weiter und weiter in die Zukunft hinein.

Auch wenn in heutiger Zeit viele Atheisten sind, so sind doch die meisten Menschen Anhänger oder Mitläufer einer hemmungslosen, exzessiven Naturausbeutung. Am Ende schlägt diese auf den Menschen zurück, durch Naturkatastrophen, Klimaveränderungen, Epidemien etc.

Wer die Natur wirklich liebt, will sie bewahren, will sie schützen, kennt das Maß und hält sich daran. Die moderne Maßlosigkeit ist ein destruktiver Exzess. Letztendlich ist aber auch das Natur. Nur zerstört der Mensch damit die Grundlagen des Lebens. Ökologisches Gleichgewicht und eine harmonische Ausgewogenheit der Kräfte sind eine unerlässliche Bedingung des Lebens und der Biodiversität auf der Erde. Das ist keine Frage des Glaubens oder der persönlichen Ansicht, es ist einfach eine Tatsache.

Man kann, wie gesagt, die Natur als GÖTTIN verstehen und für eine Verehrung der Natur ist das auch sinnvoll. Man muss es nicht, aber an die Tatsachen muss man sich halten. Wer gegen die Gesetze der Natur verstößt, verwirkt sein Leben auf der Erde. Er kann verschwinden; und so wie sich der Mensch als Gattung verhält, kann er das auch.

Die GÖTTIN ist ambivalent wie die Natur. Schaffen und Zerstören sind die zwei Seiten. Alles entsteht, lebt, stirbt und vergeht wieder. Das war und ist die Natur. Es gibt das Licht, aber auch die Dunkelheit. Es gibt nicht nur Licht, es gibt nicht nur Dunkelheit. Wer in der Natur nur den Zerfall und den Tod sieht, hat eine einseitige Sichtweise. Man muss die Natur nehmen, wie sie nun einmal ist. Das Gesicht der Natur hat eine helle und eine dunkle Seite (vgl. die germanische Göttin HEL). Eine Dämonisierung zeigt nur, dass man die Natur nicht verstanden hat, deshalb ist sie falsch, z.B. eine Schlucht als „Teufelsschlucht" zu bezeichnen.

Wilde Natur ist eigentlich immer schön. Viele Menschen, viele Künstler, viele Dichter haben das erkannt, dargestellt und gefeiert. Als Künstler geht es mir immer darum, die heilige Schönheit der Natur zu zeigen, zu feiern. Die Schönheit und die ganzheitliche Harmonie der Natur sind und bleiben der Orientierungsmaßstab.

Natur = Göttin = Große Mutter = Mutter Erde.

1. Die Mutter des Meeres

Ich hatte ein altes Gemälde von einem naturalistischen Maler gekauft. Ein Meeresmotiv. Eine untergehende Sonne am Meer. Wie am Westende meiner Insel. Ich hatte das Bild zufällig in einem Antiquitätenladen entdeckt. Was wollte mir das Bild sagen? Weshalb hatte ich es erwerben sollen? Was wollte mir das Meer sagen?

Das Meer ist zwar überall das Meer, aber mein Meer war die Nordsee. Auf meiner Nordseeinsel entdeckte ich in einer Kirche eine Marienfigur. Eine Mutter des Meeres. Die Figur sprach mich an, nicht zuletzt deshalb, weil sie mich an etwas sehr Bekanntes erinnerte.

Aber war sie auch für die anderen eine Mutter des Meeres, für die normalen Kirchgänger, die oft nur ihren Katechismus kannten? Sicher nicht. Maria war für sie nur die Maria aus der Bibel, mehr nicht. Eine reale Mutter, die man ein wenig spirituell überhöht hatte, aber eine universelle Bedeutung sahen die meisten nicht in ihr.

Eine Mutter des Meeres wurde an der Nordseeküste nicht verehrt. So wenig wie Mutter Erde. Das große Meer war ein Teil von Mutter Erde.

Ich war in der Hinsicht allein mit meinen Gefühlen. Ich kannte niemanden, der das Meer spirituell verehrte. Es war nur ein großes Wasser, auf dem die Containerschiffe nach Bremerhaven und Hamburg fuhren, und natürlich die grauen Militärschiffe. Ein großes, von Wasser überflutetes Gebiet, in das man Windparks rammen kann oder aus dem man Öl gewinnen kann, um noch mehr Verbrennungsmotoren zu betreiben, damit die Biosphäre noch mehr mit Kohlendioxid angereichert wird.

Die GROSSE MUTTER des Lebens, wer sah sie im Meer?

Wer verehrte sie, wer betete sie an?

Wer stand am Meer und betete zur **Großen Mutter des Meeres**?

„Stern des Meeres", eine der viele Metaphern für Maria. Aber was sagen diese Metaphern, wenn der konkrete Bezug zur Erde fehlt? Sind sie dann nicht nur Metaphern und sprachliche Formeln aus einer anderen Zeit, als man noch mehr direkten und realen Bezug zur Natur hatte, als die Zeit der Verehrung der Natur und der Großen Göttin noch nicht so lange vergangen war, wie heute im einundzwanzigsten Jahrhundert?

Spiritualität sollte immer einen richtigen Bezug zur Erde haben, dachte ich. Das allgemeine Gerede reicht nicht aus. Es bleibt zu distanziert. Man bleibt dann nur im Sessel oder im Strandkorb sitzen und geht nicht wirklich hinaus in den salzigen Wind oder ins Wasser des Meeres. Auf der körperlichen Ebene suchen die meisten Menschen das ja, aber in ihren Köpfen bleiben sie am Ende doch lieber oben auf der Promenade sitzen, trinken und schwatzen über tausend Themen.

Ich hatte immer die unmittelbare Nähe gesucht. Zum Meer, zu den Bergen, zum Wald, zu den Steinen und zur Heide. Überall hatte ich die Große Mutter gesucht. Die vielen Figuren der Maria waren schön. Es waren oft Kunstwerke. Hinter ihnen stand jedoch die Große Natur, die Große Mutter des Lebens. Im patriarchalischen System der Kirchen war Maria nur eine Frau, die einen Sohn zur Welt gebracht hatte. Im patriarchalischen System würde sie immer nur eine untergeordnete Rolle spielen. Ich hatte es schon oft gedacht und gesagt. Es lief immer wieder darauf hinaus. Im patriarchalischen System kann sie keine besondere Stellung haben, kann die Natur keine besondere Stellung haben. Das politische und das wirtschaftliche System sind patriarchalisch, dachte ich. Daran wird sich vorerst nichts ändern. Alle politischen Parteien beteten für mich nur zum Gott des Geldes. Das war ihr allmächtiger Vater! Mich widerte das an.

Sie beuten das Meer aus. Sie überfischen das Meer. Sie werfen ihren ganzen Müll ins Meer. Sie können das Meer gar nicht als Große Mutter ansehen. Sie können es nur besudeln und verschmutzen. Die Hardliner wollen nichts lernen und nichts ändern, ob sie nun ökonomisch oder spirituell denken, das ist egal. Ein Hardliner kann das Meer nie verstehen, weil er kein **Herz** hat, sondern nur einen Verbrennungsmotor.

In alten Gemälden kann man noch das **Herz für die Naturerscheinungen** finden, genau wie in alten Gedichten. Ich denke, dass viele Menschen vor hundert und mehr Jahren wirklich sensibler waren.

Vor Jahren hatte ich an eine Versöhnung von Christentum und Naturreligion geglaubt. Aber man wollte sie nicht, man wollte sie nicht wirklich. Man tat so, als wäre man jetzt auch ein wenig ökologisch, als hätte man begriffen, endlich begriffen, dass der anthropozentrische Standpunkt ein falscher ist. Am Ende setzte sich jedoch immer wieder die alte Haltung durch. Bei den Wirtschaftsmenschen war und ist es immer das Profitprinzip, bei den religiösen Leuten bleibt man beim Gott der Macht und Herrschaft. Es ist wie ein Gefängnis des Denkens, dachte ich kritisch. Ich sah mich schon immer als einen Revolutionär der Philosophie. Sie sind gefangen in ihren Denkstrukturen, in ihren Schematismen!

Am Ende ist es egal, ob links oder rechts vorne in einer Kirche ein Marienaltar steht oder nicht. Wirklich wichtig ist Maria nicht, weil sie nicht zentral ist. Sie ist eher eine Art Alibi. Man sei doch gar nicht so patriarchalisch, man sei doch gar nicht so einseitig. Man achte doch das Weibliche, man achte doch die Frauen. Ja, sicher, dachte ich, aber nicht wirklich. Solange es keine **Priesterinnen der Göttin** gibt und nur diese Mannweiber mit ihren Kurzhaarschnitten und ihrem rigiden Denken, gibt es keine Verbesserung der Situation. Und meistens haben Frauen gar nichts zu sagen und dürfen auch keine Priesterin sein.

Das Meer ist der größte Lebensraum auf der Erde. Unseren Planeten nennt man auch den „blauen Planeten". Das Meer ist blau. Wenn man sich einen Globus anschaut, dann sieht man sehr viel Meer. Ich besaß noch den schönen Globus, den ich 1961 von meinen Eltern geschenkt bekommen hatte, weil ich mich damals sehr für Erdkunde interessiert hatte. Geographie. Erdkunde. Heimatkunde. Eigentlich sind das unsere Wörter. Die Kunde von der ganzen Erde. Wenn man die ganze Erde sah, dann musste man erkennen, dass es weniger Landmasse als Ozeane und Meer gibt (29,3% Landmasse).

Meine Eltern dachten damals sicher, dass ich mich nur für Geographie interessieren würde, und Erdkunde, wie es in der Schule hieß, war eines meiner Lieblingsfächer gewesen. Sie sahen aber nicht den Ruf von Mutter Erde. Sie konnten es nicht sehen und sie konnten es nicht verstehen.

Das große Meer umschließt alles, umfasst alles. Ein fürchterlicher Gedanke für die alten, bärtigen Männer, die an der Spitze der Schöpfung stehen wollen. Das Meer wird sie fortspülen, so wie das Meer die ganze Männerzivilisation jetzt fortspülen wird. So hat der Anstieg des Meeresspiegels sein Gutes. Die Kopfmenschen mit ihren Kopfgöttern werden verschwinden, dachte ich zornig. Die GROSSE MUTTER wird sie fortspülen.

„Mutter des Meeres", gibt es diese Metapher für Maria? Ich wusste es nicht. Selbst wenn, dann wird es nur eine leere Formel sein wie „Stern des Meeres" oder „Himmelskönigin". Metaphern müssen im Realen, im Konkreten verwurzelt, richtig geerdet sein, sonst bleiben sie nur schöne Rhetorik.

„Feministische Theologie" war ein Versuch einer Veränderung gewesen, der aber scheitern musste, weil die Wurzel faul war und ist. Das Fundament taugt nichts, deshalb kann es alles nicht funktionieren, dachte ich. Dorothee Sölle oder Uta Ranke-Heinemann bleiben nur Versuche, gut gemeinte Versuche. Man müsste das verdammte Fundament in die Luft sprengen, dachte der Revolutionär in mir.

Weiches Wasser bricht den Stein, so hieß es einmal in einem Lied. Das Element des Wassers kann die Steinbauten zu Fall bringen. Man muss sich nur die Flutkatastrophen auf der Erde anschauen.

„Macht euch die Erde untertan!" Ein böses Programm, dachte ich, ein falsches, fatales Programm. Sie haben es übernommen, sie haben es bis heute nicht überwunden. Es steckt in ihren Köpfen, ob sie nun religiös oder nicht religiös sind. Auch die Atheisten huldigen dem Gott des Machens und der Macht. Sie wollen das Programm auch gar nicht ändern, sie sehen keinen Grund. Ihre Ökologie ist eine technische, ihre Liebe zur Natur nur geheuchelt.

Sie lieben nicht das Meer, sie lassen es nicht in Ruhe, sie wollen es nicht reinigen. Sie wollen ihre gigantischen Windparks und ihre vielen Bohrinseln. Auf der Insel Wangerooge bauen sie immer weiter neue Häuser, obgleich die Insel wegen der Klimaveränderungen keine Zukunft haben wird, denn den Anstieg des Meeresspiegels von zwei Metern und mehr kann und wird die Insel nicht verkraften können. Schon heute kostet der Küstenschutz jedes Jahr Millionen. Im letzten Jahr wurde der Strand fortgespült. In diesem Jahre ebenso.

Maria ist nur eine schöne Holzfigur in der Kirche St. Willehad auf Wangerooge. Und wenn die Menschen vor ihr beten oder ihre Kerzen anzünden, dann denken sie vor allem an sich, an ihr kleines Problem, an ihre Magenschmerzen, an ihre Rückenschmerzen, an ihren Krebs, an ihre zerrüttete Ehe, an ihr verlorenes Kind. Sie sehen das kleine Leid, nicht das große Leiden der Erde, des Meeres, des Himmels. Auch der Himmel ist ja längst nicht mehr rein und erfüllt von guter Luft.

Er saß auf einer Düne und schaute den Möwen zu. Seit Jahrtausenden leben sie ihr Leben mit dem Meer und dem Wind. Sie bauen keine Häuser, brauchen keine Eigentumswohnung, brauchen keine Unzahl an Kulturgütern. **Sie leben ganz mit den Elementen des Lebens, und damit leben sie immer mit der Großen Mutter.** Sie fliegen in ihrer Dimension. Wir Menschen sind herausgefallen, wie unreife Vögel, und schauen zurück auf das Verlorene.

Im Buch des Leben würde vielleicht der Satz stehen: „Lebt und schwingt mit der Erde!" Es müsste ein Buch des Lebens geben, aber kein Buch des Todes, das mit dem Mord beginnt und mit einem Mord endet. (Kain erschlug Abel – und am Ende wird Jesus ermordet.) Dieses Buch der Mörder kann keine Zukunft haben.

Ich hatte es oft nicht verstanden, warum ein Sokrates oder ein Jesus keine Schriften hinterlassen hatten. Vielleicht wollten sie den geistigen Prozess lebendig erhalten. Vielleicht war nur das ihre zentrale Botschaft: *Halte deinen Geist lebendig! Schwinge mit dem Sein! Schwinge und atme mit der Mutter des Meeres!* Platon und Paulus, die zwei ersten großen Interpreten von Sokrates und Jesus haben diesen Geist in ihren Werken noch gehabt. Später ging er dann eher verloren. Je kleingeistiger man wurde oder ohnehin bereits war, desto mehr wollte man festlegen. Katechismen sind tote Schriften. Gesetzesbücher sind tote Schriften. Ihre Bibel ist ein Totenbuch, mit dem sie das Leben erschlagen.

Im Grunde geht es immer wieder darum, dass man eine eigene Vision haben muss. Sokrates hatte eine. Er nannte sie „daimonion". Jesus hatte eine. Platon hatte eine. Paulus hatte eine. Man kann die Vision eines anderen nicht übernehmen. Einfach glauben, so funktioniert es nicht. *Es reicht nicht, einfach nur zu glauben.* Man muss seine eigene Vision haben, seine eigenen Erfahrungen machen.

Ich hatte die Vision einer geheilten Erde, einer liebenden Mutter Erde. Deshalb errichtete ich im Tal der Isar die Steinkreise, die Medizinräder. Es waren Botschaften für die Zukunft.

Ich stand auf der Düne. Es war dunkel geworden. Das Meer rauschte wie immer sein uraltes Lied. Ich meinte, eine Gestalt rechts in den Dünen zu sehen, war mir aber nicht sicher. Sie schien näher zu kommen.

Ja, ich bin es, die Frau aus dem Meer.
Ich bin die Mutter des Meeres.
Die Menschen deuten viel, mal so, mal wieder anders,
im Laufe der Jahrtausende,
aber ich bleibe die alte Göttin des Wandels,
der Wellen und des Windes.

Atme den Wind und du kannst spüren, wie ich alles durchdringe.

Du beklagst die Holzfiguren und die beschränkte Sicht der Menschen.
Sie können nicht anders.
Sie müssen sich an etwas festhalten.

Das Meer ist dunkel und unendlich,
wie der schwarzblaue Kosmos,
wie der Rabe und der fliegende Schwan.

Atme den Wind und spüre die Spirale des Kosmos,

die sich dreht um den dunklen Kern.
Du erinnerst dich an das Oktogon?
An die schwarze Mutter der Welt?
Das Meer rauscht immer und ewig,
im Rauschen erkennst du das Wesen.
Es gibt keine einfachen Erklärungen,
es gibt keine Schachbrettmodelle.

Das Buch der Wandlungen
erkennst du in den Mustern der Wellen,
in den Wirbeln des Windes
und den Flügen der Möwen.

Lass den Leuten, vor allem den Männern,
ihre kleinen Spielchen im Sandkasten,
denn der Sand wird verwehen
und ihre Burgen holt das Meer.

Du weißt, dass ich viele Gesichter habe.
Ihr kleiner Gott ist nur ein kleiner Versuch.
Etwas für kleine Jungen mit großen Stiefeln.
Du kannst nur lachen wie der Wind.

Die Frau war verschwunden. Ich sah nur das dunkle Meer, hörte den Wind, sah die Lichter der Schiffe, die nördlich von Wangerooge vorbei fuhren. Sogar das Licht von Helgoland konnte ich sehen. Sie leuchten ein wenig in der Dunkelheit herum, bis sie verschwunden sind, dachte ich. Es wird alles in der Dunkelheit verschwinden. Die große Dunkelheit ist der warme Urgrund des Seins.

In Zukunft müsste es viel mehr eine Theologie der Erfahrungen geben, dachte ich. Das schreibt auch Jörg Zink in seinem Buch „Gotteswahrnehmung". Eine Thea-Logie, denn das Meer und der Urgrund sind im Wesen umfassend weiblich. Eine Thea-Logie, die alle Traditionen der Erde integriert. Auch wenn man zu einer Zeit immer nur einen Weg durch die Dünen zum Meer gehen kann, so sind doch alle Wege gut und gleichwertig, denn egal, welchen ich nehme, er führt mich zum Meer, dachte ich.

*

Ich saß wieder am Meer, schaute in die untergehende Sonne, ins warme, neapelgelbe, weiche Licht. Ich lauschte dem ewigen Gesang der Brandung.

Es gibt viele Söhne und auch viele Töchter von mir, sagte sie.

Als Mutter des Lebens habe ich viele Söhne und Töchter. Nicht nur Jesus. Was die Menschen immer mit ihm haben! Er war ein guter Sohn, wenn auch ein wenig zu fanatisch und überzeugt von sich, meinte die Frau. Vor ihm kamen andere, und nach ihm ebenfalls.

Also war er nicht einzigartig?, fragte ich ins Licht hinein.

Was denkst denn du? Glaubst du diesen Unsinn, diese Propaganda der Kirchen? In den Jahrtausenden vorher gab es viele Söhne und Töchter des Lichts, des guten Geistes, der heilenden Gemeinschaft. Und nach ihm ebenso. Selbst zu seiner Zeit gab es Maria Magdalena zum Beispiel. Sie ist so wichtig wie er.

Ja?, fragte ich skeptisch.

Ja sicher doch. Es ist doch keine Männergeschichte. Die ganze Männergeschichte ist falsch, war es immer und ist es immer noch. All diese Männer, ob sie nun klug herumreden oder herumschreien, das ist egal, weil sie mich nicht verstanden haben und verstehen, mich, die Mutter des Meeres.

Ich schaute weiter ins gelbe Licht. Ich sah ihr lächelndes Gesicht, das über die Dummheit der Menschen lächelte, verständnisvoll, aber auch traurig darüber, dass die Dummheit so viel Leid schafft. An dem vielen Leid kann man die Dummheit erkennen, dachte ich. Das Leiden, ein Indikator für die Dummheit! Krankheiten, Seuchen, Kriege und die Klimakatastrophe.

Die Große Mutter schickte und schickt ihre heiligen Söhne und Töchter ins Lebens, aber die verstockten Menschen hören nicht zu, wollen nicht lernen, wollen nichts ändern, wollen sich dem guten Geist nicht öffnen. Trotzige Kleinkinder, das ist ihr Niveau. Streitereien im Sandkasten um ein Auto oder um ein bisschen Gold, das am Ende nur gelber Sand ist.

Das Meer atmet und brandet ans Ufer. Weg mit dem Tand, weg mit dem Tand! Ein Mantra des Meeres.

Maria ist nur ein Name. Ein Name ist immer eine Eingrenzung, dachte ich. Die **GROSSE MUTTER** hat keinen Namen. Sie braucht keinen. Ein Gott, der unbedingt einen Namen braucht, ist kein Gott, sondern ein Phantom in den Köpfen der Menschen, in den Gedanken der Männer, die unbedingt groß und stark sein wollen. Sie haben die Große Mutter nicht verstanden. Sie werden sie niemals verstehen. Ihre Religion ist keine Religion, sondern eine Ideologie der Macht. Sie betrügen seit Jahrtausenden und sie betrügen immer noch. Sie missbrauchen die Seelen der Menschen, für die sie sich im Grunde gar nicht interessieren. Sie wollten und wollen nur Steuern zahlende Anhänger, mehr nicht. **Wir brauchen eine Religion der tiefen Empfindungen, des Herzens**.

Im großen Meer verschwinden die Namen, die Grenzen und Begrenzungen, dachte ich.

Im Meer gibt es all das nicht, denn das Meer ist ein großes, vielfältiges Wesen, das viele Formen des Lebens entstehen lässt.

Ich glaube an die GÖTTIN,

die Große Mutter, die weise, allgütige Schöpferin

der vielen Wesen und Wege zwischen Himmel und Erde.

Es ist so vieles falsch, dachte ich. Das Glaubensbekenntnis, das sie uns allen aufgezwungen haben. (Sie haben es uns in der Jugend aufgezwungen, das muss man ganz klar als Indoktrination begreifen.) Man müsste mehr von sich, seinen persönlichen Erfahrungen ausgehen und diese zum Ausdruck bringen. Nicht nur die Tatsache, dass sie zu etwas zu sehr festlegen wollten und immer noch daran festhalten wollen, ist falsch, sondern vor allem auch der Punkt, dass sie immer behaupten, ihre Sichtweise wäre die einzig richtige und wahre. Das war und ist ihr Programm: Sie wollen individuelle Wege verhindern. Dabei gibt es so viele Wege. Individuelle Wege sind schön. **Nur im individuellen Weg zeigen sich Charakter, Tiefe und Seele.** Ich bin kein spirituelles Schaf, sondern ein Revolutionär der Philosophie.

Das Meer lebt, es schafft immer wieder neu, es ist immer in Bewegung, es wird immer in Bewegung bleiben, solange die Erde um die Sonne kreisen wird.

Das Meer ist das vielfältige Leben.

Wangerooge, Westen

2. Die Göttin der Heide

So sehr ich mich auch mit dem Süden Deutschlands verbunden fühlte, so war Bayern doch nicht meine Heimat. Meine Heimat war der Norden. Spiritualität wird immer von der Landschaft mitgeprägt, selbst wenn man spirituelle Wege aus ganz anderen Ländern lebt und praktiziert. Am Ende ist die Landschaft doch stärker und sie formt den Menschen, wie es ihr gefällt.

So wurde der Buddhismus, der aus dem Norden des indischen Subkontinents gekommen war, in Tibet oder in Japan zu einem ganz anderen Buddhismus. Besonders in Tibet entwickelte sich eine ganz eigene, magische Form. Der Zen-Buddhismus, als Konzentration auf das Wesentliche, ist dagegen typisch japanisch.

Der Norden Deutschlands ist nicht ausgesprochen spirituell. Vermutlich war das auch in der Steinzeit nicht anders oder in der Zeit vor der Eroberung durch Karl den Großen. Die irische Landschaft, um eine der magischen Landschaften in Europa zu nennen, regt mehr zum Nachdenken über das Jenseits an als der norddeutsche Raum.

Was ist von der ursprünglichen Spiritualität im Norden Deutschlands geblieben? Eigentlich nur die Megalith-Gräber. Aber wir wissen nicht, was die Menschen dort praktiziert hatten. Die Kultstätten unter den großen Eichen oder die Kultstätten aus Holzstämmen sind verschwunden. Die Rituale sind verschwunden. Man kann eine Kultstätte wieder aufbauen, wie bei Goseck in Sachsen-Anhalt, aber die alten Formen der Spiritualität kann man nicht reaktivieren. Dafür müssten Menschen mit einem anderen „Glauben" vorhanden sein. Das ist jedoch nicht der Fall.

Die Archäologen wühlen in der Erde herum, suchen nach Beweisstücken, nach Tonkrügen, nach alten Schwertern, nach Silber, nach Gold, nach Bernsteinperlen, nach Feuersteinen. Sie untersuchen Grabstätten, überall auf der Erde, in Peru, in der Mongolei. Am Ende finden sie nur Knochen und Schmuckstücke aus Gold, bestenfalls. Was sie nicht finden können und nicht finden werden, das sind die verlorenen Rituale und Zeremonien.

Man muss sich selbst auf die Suche machen, anders, dachte ich, ganz anders.

In der katholischen Kirche von Wildeshausen findet sich eine Maria. Sie hat nichts mit der Heidelandschaft zu tun. Sie kommt aus einer anderen Kultur. Sie ist fremd in der Gegend und wird es für immer bleiben. Sie repräsentiert das allgemeine Prinzip der helfenden Mutter, ansonsten hat sie aber keinen Bezug zur Landschaft.

Man muss selbst in die Landschaft gehen und dort nach dem Verlorenen suchen, was nicht leicht ist, denn es gibt keine Hinweisschilder, die einem helfen könnten. Es gibt auch keine Menschen, die man fragen könnte. Sie würden einen anstarren, als ob man das ausgestorbene Mammut suchen würde. **Man muss die Steine fragen und die Geister der Landschaft.**

*

Vor sieben Jahren hatte ich das erste Mal Marienborn besucht. Es hatte sich nichts verändert in den Jahren. Die Weiße Madonna stand immer noch in der halb renovierten Kapelle. Man konnte nur durch die Gittertür sehen, wie vor sieben Jahren. Der Ort strahlte keine intensiv gelebte Spiritualität aus. Während meines Besuches sah ich keinen Menschen, und das an einem sonnigen Sonntagnachmittag, also einer Zeit, in der viele Menschen unterwegs sind. Hier war die Zeit stehen geblieben.

Das Wasser der kleinen Quelle auf der Nordseite lief zwar, aber es war kein intensiver Wasserstrahl. Vielleicht hatte man ihn gedrosselt, vielleicht war auch nicht genug Wasser da. All die Probleme mit dem klaren Wasser, mit dem Klima, mit der Reinigung der Welt und der Reinheit, die man zurückgewinnen müsste, waren die gleichen, wie vor sieben Jahren.

Ich hatte in den vergangen Jahren keine Menschen gefunden, die in Maria auch Aspekte der Göttin sahen. Die Katholiken sehen in ihr nur die „Mutter Gottes" und das bedeutet, dass sie nur ein ausführendes Wesen für den Plan Gottes gewesen war, nicht mehr.

„Versöhnung" ist eine gute Idee, aber wenn jemand gar keinen Grund zu einer „Versöhnung" sieht, weil er seine Sicht für die richtige und die andere für falsch hält, dann kann es sie nicht geben. Ich glaube nicht mehr daran, dass die anderen wirklich die Natur verehren wollen. Bestenfalls sind sie wohlwollend, aber die Natur bleibt für sie doch das tote, materielle Gegenüber und keine Heilige Mutter.

Bei den Lübbensteinen, die sich westlich der Stadt Helmstedt auf einer Anhöhe befinden, konnte ich die **ALTE GÖTTIN** eher finden. Die Kultstätte ist eine der schönsten in Norddeutschland. Die grauen Steine erinnern an Knochen. Von der Anhöhe kann man weit über das Land blicken. In der Steinzeit sicher noch besser als heute. Damals, als es hier Tundra gab. Für die Menschen war es sicher ein magischer Kultort für Rituale, die um Tod, Leben und Ewigkeit kreisten. Wenn man sich darauf einlässt, kann man es noch spüren.

In einen der größeren Steine, der ein schwarzes Loch hatte, legte ich zwei Rosenblüten. Eine weiße und eine rote. So waren die drei Farben der Göttin beisammen, die für Reinheit, Liebe und Tod standen. Für Ganzheit, Entfaltung des Lebens und Wandel. Ich musste an den Satz über die Göttin von Marion Zimmer-Bradley denken. Sie wird bleiben, weil die Grundprinzipien des Lebens bleiben werden, ganz egal in welcher Kultur und Zivilisation wir leben. Marias Prinzipien, die mehr himmelsorientiert sind, werden ebenfalls bleiben, denn solange es keine globalen Superkatastrophen gibt, wird der Himmel blau bleiben. Das Himmelblau ist so uralt wie die Farben Weiß, Rot und Schwarz. Vielleicht gehören die Göttin und Maria wie Erde und Himmel zusammen. Die Himmelskönigin und die Mutter der Erde.

Man darf nichts ausschließen, ausgrenzen wollen, dachte ich. Gedanken der Ausgrenzung sind nicht gut. Und wenn man nicht nur ausgrenzen, sondern dann noch vernichten will, dann wird es böse. Sie hätten von Anfang an einen Weg der Versöhnung gehen müssen. So ist Europa in spiritueller Hinsicht von Anfang an auf einem falschen Weg gewesen, bis heute, denn sie haben bis heute nicht erkannt, welche Fehler sie gemacht haben.

Weiße und rote Rosenblüte, Lübbensteine

Man kann nichts machen, dachte ich resigniert. Sie hören nicht zu und sie wollen nichts ändern.

Ob jemand die Symbolik der Rosen erkennen wird? Vermutlich wird sie jemand herausholen und fortwerfen. *Was soll das denn, wohl so ein esoterischer Quatsch?*, wird vielleicht jemand urteilen.

Es hat so viele Theologen gegeben in den zweitausend Jahren, so viele Mystiker. Am Ende haben sich doch nichts bewirkt, denn man wollte bei einem einfachen Modell bleiben, um die Menschen unterdrücken und manipulieren zu können. Einfache Gebote, einfache Verbote und einfache Gebete.

Die Mystiker der christlichen Spiritualität sind etwas für eine Minderheit. Das wird wohl so bleiben, dachte ich resigniert. Sie werden zwar anerkannt, wie zum Beispiel Teresa von Avila oder Hildegard von Bingen, aber das hat keine Auswirkungen auf den Machtapparat. Spirituelle Organisationen glauben nicht an Gott, sondern an ihre Organisation. *„Ich glaube an die heilige katholische Kirche"*, so heißt es im Glaubensbekenntnis. Ich dachte mal, damit wäre eine geistige Dimension gemeint. Ich hatte mich geirrt, denn ich musste erkennen, dass sie tatsächlich nur an ihre Organisation glaubten und an sonst gar nichts. Immer wieder geht es um die Macht, immer wieder geht es ihnen nur darum, dachte ich wütend. Sie kommen davon nicht los, von ihren Allmachtsphantasien. Es sind bei weitem nicht nur die Extremisten, die an die Allmacht glauben und selbst allmächtig sein wollen, nein, es sind auch die ganz normalen Mitläufer, die nur die Gebote und Gebete nachplappern können, als wären sie nur „Schafe in einer Herde", funktionierende Automaten, rationale Roboter in einem strikten System.

Echte Spiritualität hat immer etwas mit eigenen, individuellen Wegen und Erfahrungen zu tun. Das kann man bei den Meistern aller Zeiten studieren. Man muss es machen wie sie, nämlich einen eigenen Weg gehen.

Die ALTE GÖTTIN der Lübbensteine. Der Ort und die Steine bewahren ihr Gedächtnis. Da muss man sich „einloggen", wie es im neuen Deutsch heißt. Dazu braucht man ein „Passwort". Wenn man es nicht kennt, dann bleibt man draußen. Es ist nicht so einfach wie bei einem Computer, weil man mit dem ganzen Herzen und mit der tiefsten Schicht der Seele dabei sein muss. Es geht nicht mit einem Trick, denn die GÖTTIN durchschaut sofort jeden Trick. Das sollte man gar nicht erst versuchen. Wenn man auf dem Weg des Herzens ist, meidet man das.

Die Nähe zu den Steinen war mir seit vielen Jahren wichtig. Die Steine der Lübbensteine, die Braunkohle-Quarzite, waren mir eigentlich nicht so nah wie die Steine in der nördlichen oder westlichen Heide. Für mich waren die dortigen Steine erdverbundener. Die Steine speichern die Urkraft der Erde, aus der das Leben kommt. Sie bewahren das Gedächtnis der Zeiten.

Der Himmel ist weit weg und der Mensch lebt nicht im Himmel, von dem er nur träumen kann, so wie er von einem lichten Jenseits nur träumen kann. Die Erde ist die Herkunft und die Heimat, sie ist und bleibt das Zuhause, für die Lebenden und die Toten, wenn man es so sagen will. Die Verunstalter und Beschmutzer der Erde träumen vom Mond und vom Mars.

Die Steine sind wie konzentrierte, verdichtete Erde. Etwa so wie die Kartoffel, die die Nahrungskraft der Erde in der Knolle hütet. Knollen aus der Erde holen, für die Nahrung, das hatte etwas Magisches in der Steinzeit. Es war die Magie der Frauen, die aus der dunklen Erde die Nahrung „zauberten". Die Steine der Heide sind wie große, magische Knollen. Zauberwesen aus der Unterwelt, die die Kräfte des Lebens hüteten. Die Magie der GÖTTIN war immer real und schön, magisch und aufregend. Die Zaubermacht der Ägypter schien mir dagegen ein fataler Betrug gewesen zu sein, um die Massen beherrschen zu können. Vermutlich haben die Juden das nur übernommen und die Christen später ebenfalls, dachte ich. So trugen sie das Gift des Betruges durch die Zeiten.

Die Steine können dich nicht betrügen. Die Steine bleiben immer echt und wirklich.

Ich wusste nicht, ob meine Geschichtsdeutung richtig war oder auch nur Spekulation. Es war mir egal. Dass der Betrug und das Betrügen immer zu viel Raum eingenommen hatten, dessen war ich mir allerdings sicher. Ich konnte nicht betrügen, weil es meinem inneren Wesen widersprach. Ich suchte immer das Echte hinter den Fassaden.

Das Trommeln ist einer der anderen, der alternativen Wege zur Wahrheit. Ich saß bei einem der Steine und trommelte.

Die Trommel ist das heilige Instrument, um in die andere Welt zu reisen. Die Trommel ist das Pferd des Schamanen.

Ich brauche nicht das Große, sagte die Göttin. Ich brauche keine Bibel, keine Gebote und keine Tempel. Wer die Maus und die Spinne, wer die Schlange und den Käfer nicht achtet, wird niemals die Natur achten, sondern nur seine Einbildung. Der Gott der Einbildung ist aus meiner universellen Sicht ein Dummkopf, ein männlicher Dummkopf.

Schau dir die alten Männer an. Sie waren Dummköpfe, die mal eine Idee hatten und dann meinten, sie hätten etwas Großartiges entdeckt. Dabei war es nur eine dumme Idee. Was interessiert mich die Vorhaut? Was interessieren mich Gesetzestafeln? Was interessieren mich alte Bücher?

Was interessieren mich Märtyrer, die sich für ihre Wahrheit totschlagen oder auf einem Scheiterhaufen verbrennen lassen? Was interessieren mich kluge Wissenschaftler oder gerissene Betrüger der Wirtschaft oder Politik? Sind sie nicht alle besessen von ihren kleinen, dummen Ideen?

Ich bin das wandelnde Leben.

Ich bin der Wandel. Ich bin die drehende Spirale. Ich bin die kleine Maus und der Bussard am Himmel. Ich bin die Spinne im Netz und der tanzende Schmetterling. Ich bin der alte Baum auf dem Hügel und der Grashalm im brausenden Wind.

Ich brauche nicht einmal diese Lübbensteine. Das sind auch nur die Resultate der Männer, die gemeint hatten, mit großen Steinen das ewige Leben einsperren und festhalten zu können. Nichts kannst du festhalten. Du kannst dich nur der Erde und dem Meer hingeben.

Lübbensteine bei Helmstedt

Ich trommelte weiter, sah und spürte die sich wandelnde Spirale des Feuers und Wassers, des Lichts und der Sterne. Der Mensch ist so klein und beschränkt wie die Maus, die auch nicht das Ganze erkennt und danach handelt. Sie kennt ihre Höhle am Ackerrand und ihre kleinen Mäusepfade. Sie denkt an den Winter und hat Angst vor dem Frost.

Der Mensch denkt auch an den Winter und hat Angst vor dem Tod. Dabei ist der Tod so schön, weil man zur MUTTER zurückkehrt. Ich erinnerte mich an Hermann Hesse, der das in seinem Roman „Narziss und Goldmund" am Ende beschrieben hatte. Am Ende des eigenen Lebens muss man willig in die MUTTER zurücksterben. Eine Maus werden, eine Spinne oder ein Wurm. Es ist völlig egal. Das ist das ewige Leben!

Gebote braucht man, wenn man keine innere Verbundenheit mit dem Ganzen besitzt und vor allem auch lebt, denke ich. Ebenso äußere Zeichen, Symbole, Bibeln und andere Dinge. Wenn man sie nicht lebt, die geistige Verbundenheit, dann helfen die äußeren Dinge nichts, bestenfalls ein wenig. Wer das Große bewundert, verachtet das Kleine. Alles gehört zusammen, alles bildet die Wahrheit – und nicht nur ein Teil oder nur eine Perspektive. Ist sie dann noch patriarchalisch, dann ist man auf einem falschen Weg. Auf einem Holzweg!

Die Märtyrer der Wahrheit mögen bewundernswert sein, überlegte ich, aber im Grunde sind sie nicht klug, wenn sie die Konfrontation mit konservativen Leuten suchen, die ihre Botschaft gar nicht verstehen, nicht verstehen können und nicht verstehen wollen. *„Warum glaubt ihr mir denn nicht"*, so hatte selbst Jesus verzweifelt gefragt. Sie haben ihn gar nicht verstanden! Nicht einmal seine sogenannten „Jünger", die eher nur Mitläufer waren, bestenfalls Schüler. Jesus hätte einfach fortgehen sollen!

Sein Märtyrertod hat bis heute kein wirkliches Verständnis erfahren. Es war nicht *Gottes Wille*, wie es so heißt, es war nur das Ergebnis von Borniertheit und Brutalität, dachte ich zornig. Es hat nur die geistige Beschränktheit der damaligen Akteure gezeigt, sonst nichts. Solange man die Aggressivität in der eigenen Psyche nicht überwunden hat, hat man noch nichts überwunden und hinter sich gelassen. Solange man selbst kein Christus geworden ist, wie es Paulus und viele nach ihm gesagt haben, ist man noch nicht weit gekommen. Die anderen kann man nicht zwingen. Das geht nicht. Sie müssen die Erfahrungen selbst machen. Jesus hätte fortgehen sollen, dachte ich noch einmal, und all die anderen Märtyrer. Keine Konfrontation suchen, sondern fortgehen in die Wüste, in den Wald oder in ein anderes Land.

Vielleicht war und bin ich da der Hippie. Ich bin immer fortgegangen.

Die Menschen brauchen neue Werte, sagte die Göttin. Licht und Liebe, so schön es sich anhört, das erreicht euch nicht mehr. Es muss euch zu Neuem auffordern, zu neuem Verhalten. Es muss euch im ersten Moment irritieren, damit sich etwas in Gang setzt.

Was könnte das sein?, fragte ich.

Suche danach. Die Menschen müssen es in ihrem Herzen entdecken, damit es sie wirklich motiviert und sie nicht gleich wieder mit klugen Einwänden oder sogar mit ihren Abwehrmechanismen kommen. Du weißt doch, dass sie auf die meisten Ideen mit Abwehr reagieren. Mit ihren Einwänden. „Das ist ja ganz schön, aber man muss doch bedenken, dass....." Du kennst doch alle diese Sätze.

Ich kannte sie natürlich, alle diese klugen Einwände. Egal, welches Wort man nahm, es kamen sofort die Einwände. Ordnung, Verzicht, Rücksicht, Reduktion, Selbstlosigkeit, Bescheidenheit, Mitgefühl. Was könnte im Sinne der GÖTTIN sein?

Reduktion. Die Überzivilisation zurückbauen. Alles kontinuierlich reduzieren. Den alten Zwang des immer weiter und immer mehr durchbrechen.

Verzicht würde sie irritieren. Es würde sie ärgern, weil keiner verzichten will, dachte ich. Vielleicht müsste ein neues Wort her. Nur welches? Mir fiel keines ein. Es müsste wie ein inspirierender Blitz einschlagen.

*

Nach längerer Zeit wollte ich wieder einmal die Siebensteinhäuser besuchen. Das sind einige Megalithstätten in der Nähe des Walsroder Dreiecks, mitten in Niedersachsen, mitten in der Heide. Allerdings befinden sie sich auf einem der großen Truppenübungsplätze und können nicht jeden Tag besucht werden. Der Gegensatz konnte nicht größer sein: Stätten der Alten Göttin und das Übungsgelände des Militärs!

An der Schranke, welche die kleine Stichstraße zu den Siebensteinhäusern absperrte, wurde ich aufgehalten. Vorher hatte ich bereits die zugeklebten Hinweisschilder gesehen. Ich ahnte nichts Gutes. Der Wächter erzählte mir dann auch, dass der Zugang bis auf weiteres wegen Einsturzgefahr nicht möglich sei. Das Kulturdenkmal solle restauriert werden. Das könne sehr lange dauern, weil auch nur in der „schießfreien Zeit" daran gearbeitet werden könne. „Schießfreie Zeit" - der Ausdruck war mir neu. Bei der heutigen Langsamkeit der deutschen Behörden konnte ich mir ausrechnen, dass es mindestens fünf Jahre dauern dürfte, eher länger. Sicher würde man vorher genau überlegen, wie man überhaupt restaurieren könnte. Man würde Pläne erstellen, man würde Pläne verwerfen. Man würde vielleicht überlegen, ob man sie nicht gleich versetzen sollte, an eine Stelle außerhalb des Truppenübungsplatzes. Man würde die Kosten berechnen, sich mit Sicherheit verrechnen. Neue Berechnungen anstellen. Man würde lange darüber diskutieren, wer die Kosten tragen könnte oder sollte oder müsste. Man würde den Sinn des Ganzen erörtern und auch in Frage stellen. Nach dem Gespräch mit dem Wärter, in dem es auch um Behörden, Kosten und Zeitrahmen ging, fuhr ich zurück in den Ort Ostenholz, der direkt neben dem Truppenübungsplatz liegt.

Ich wusste nicht, was ich tun sollte. Ich hatte keinen Plan B. Ich hatte nicht damit gerechnet, dass der Zugang versperrt sein würde.

Die Siebensteinhäuser sind letztendlich nur ein Relikt aus einer längst vergangenen Epoche, dachte ich. Dort wurde nichts mehr gelebt. Vor über zwanzig Jahren hatte ich dort einmal getrommelt und eine magische Figur aus Holz begraben. Das war auch schon sehr lange her.

Die GÖTTIN musste irgendwo anders gesucht werden. Irgendwo in der Landschaft, was jedoch wegen der dauernden Veränderungen durch neue Bauten, neue Gewerbeanlagen, neue Straßen, neue Eigenheimsiedlungen immer mehr erschwert wurde. Das vernünftige Maß an Zivilisation war für mich schon lange überschritten. Sie überschreiten es immer weiter, sie merken es erst, wenn es zu spät ist. Sie halten ihre Zivilisation für vernünftig. Für mich ist es ein Wahn. Größenwahn, Veränderungswahn, ein gigantomanischer Natur-Umgestaltungswahn. Ich habe eigentlich kein Wort für dieses Wahnsinn. Ich bin so fassungslos wie ein Aborigine, der das Werk von gigantischen Maschinen in einer Landschaft, die seine Heimat ist, betrachtet.

Ich liebe die Steine, die Eichen, die Wacholderbüsche und das Heidekraut. Ich passe nicht in diese Zeit und in den letzten Jahren immer weniger. Ich habe hier im Grunde nichts mehr zu suchen.

Hier und da gab es in Norddeutschland Ortschaften, die man als Orte der Göttin bezeichnen könnte, auch wenn das keiner tut. Was sind das für Orte? Es sind eher kleine Ortschaften mit schönen, alten Häusern, mit Fachwerkhäusern, mit großen Eichen und anderen Bäumen, mit viel schöner, ursprünglicher Natur. Es können sich alte Kultstätten in der näheren Umgebung finden, aber das ist nicht zwingend. Der ästhetische Wohnstil und die Natur sind die Kriterien.

Aldi und Lidl repräsentieren den modernen Konsumismus. Große Läden, großer Parkplatz. Die Lebensmittel kommen aus der ganzen Welt und das in großen Mengen. Der Hofladen oder der Laden mit regionalen Gütern ist das Gegenprogramm. Müsste man nicht wieder mehr nur von den Früchten der deutschen Heimat leben? Könnte man so den Konsumismus zurückdrängen. Und damit auch die Haltung: Wir kaufen die ganze Welt. Wir haben genug Geld, also kaufen wir in der ganzen Welt alles ein. Wie soll so Erdverbundenheit entstehen, Verbundenheit mit der eigene Region, der eigenen Heimat, und ganz konkret, mit der eigenen Erde, mit dem Marschboden oder dem Geestboden?

Eine allgemeine Göttin für die ganze Erde bleibt abstrakt. Der Mensch ist kein globales Wesen. Er kann nicht überall leben, auch wenn er es sich gegenwärtig einbildet. Er braucht einen realen Ort. Einen echten Heimatort. Ich hatte meinen verloren, im Grunde hatte ich ihn nie besessen. Ich war in der Fremde aufgewachsen. Hundlosen fiel mir ein, Goldenstedt, Dötlingen – Orte in der Nähe von Wildeshausen.

Fischerhude bei Bremen ist ein schöner, alter Ort. Dort hatte Otto

Moderson gelebt, dort befindet sich sein Museum. Viele große Eichen wachsen in dem kleinen Ort. Vielleicht ist das ein wichtiges Kriterium, ob in einer Ortschaft viele große Bäume wachsen oder nicht. Für die Göttin gibt es keine Kirche, dort herrscht ein anderer. In jedem Dorf steht eine Kirche, meist eine alte, dunkle, muffige. Die Göttin wohnt draußen, vor der Kirche, in den großen Lindenbäumen, in den Eichenbäumen. Das ist symbolisch. Wie oft war mir das schon aufgefallen!

In der Kirche sitzen sie auf harten, unbequemen Bänken und beten zu einem fremden Gott aus einem fernen Wüstenland. An den großen Bäumen gehen sie eher vorbei. Sie bilden keinen Mittelpunkt für das Denken der modernen Menschen.

Der große Baum ist nur ein großer Baum für sie, keine Weltachse, kein Hüter, kein Schamanenbaum, kein heiliger Baum der Göttin.

Dabei findet man bei sehr vielen Kirchen große, alte Bäume. Oft sogar einen großen Baumhüter, einen Baum der Göttin. Das ist schon erstaunlich, dachte ich. Es ist nicht so sehr das Werk des Menschen, sondern die versteckte Botschaft der Göttin. Eine stille Botschaft. Um sie zu verstehen, muss man den Baum sehen, erkennen, zu ihm gehen und sein Herz öffnen.

Der Baum muss sich nicht immer in unmittelbarer Nähe der Kirche befinden. Manchmal ist es sinnvoll, ein wenig herumzusuchen. So befindet sich eine größere, uralte Linde etwas südlich vom Kaiserdom in Königslutter. Ebenso findet man eine sehr hohe, mächtige Linde südöstlich der Klosterkirche Riddagshausen bei Braunschweig. Abgesehen von den beiden mächtigen Bäumen der Göttin, findet man außerdem weitere große Baumhüter bei beiden Kirchen.

Es gibt heute keine offiziellen Kultbäume. Als den Deutschen das Christentum aufgezwungen wurde, und es wurde ihnen mit brutalen Mitteln aufgezwungen, hatte man viele heilige Bäume gefällt und heilige Haine zerstört. Später wuchsen dann neue Bäume heran, die zwar von Seiten der Kirche nicht als heilige Bäume angesehen wurden und werden, aber von Natur aus wurden sie dann ohne Zutun des Menschen zu mächtigen Baumwesen, in denen die Göttin ihr Zuhause hat.

Es muss nicht ein großer Baum sein. Darauf kommt es nicht an. Es kommt auf den inneren Bezug an. Wir selbst müssen einen tiefen, inneren Bezug zu einem Baum verspüren. Dann kann eine Kiefer oder eine Lärche für uns zum **Baum der Göttin** werden, auch wenn er für die meisten anderen nichts Besonderes an sich haben mag. Eine magische, sehr große Linde sollte eigentlich jeder erkennen – sollte, denn tatsächlich übersehen sie doch viele. Es hängt eben von dem Blickwinkel ab, von dem, was man sucht, was man erkennen und finden möchte. Wer nur etwas zu essen sucht, der reagiert auch nur, wenn er einen Bratwurststand sieht. Da weiß er, was er bekommt und was er verzehren kann.

Spiritualität – und vor allem Spiritualität der Natur – ist eben keine materialistische Angelegenheit. Es geht immer um Träume, Visionen, Empfindungen und Ahnungen. Materialisten ist und bleibt das zu vage. Sie benötigen handfeste „Kicks", wie sie es heute nennen. Eine seltsame Kiefer auf einem Heidegebiet, was ist das schon? Oder ein Wachholderbusch auf einem der Hügel, was ist das schon?

Auf dem Wilseder Berg hatte ich nie jemanden getroffen, der die Buche dort erkannt hatte. Immer hatten die Leute ganz anderes im Kopf, redeten und redeten permanent über ihre tausend Kleinigkeiten. Das war ihre Welt. An der magischen Buche des Windes gingen sie vorbei. Es ist kein gigantischer Baum. Auf einem windigen Hügel, auf der Westseite, kann auch kein Gigant stehen. So gehen sie daran vorbei.

Eigentlich ist es auch gut so, dachte ich. Was keiner erkennt, ist vielleicht doch wohl am ehesten geschützt.

Man musste in der Anderswelt zuhause sein, um die Buche zu erkennen. Wer nur in der alltäglichen Wirklichkeit lebt, der sieht auch nur diese Wirklichkeit. Er kann gar nicht die Welt der Naturwesen sehen.

in der Heide, Aquarell 30x40 cm

3. Etwas ganz Anderes

„Eigentlich suche ich etwas ganz Anderes," sagte ich, als ich auf dem Felsen stand und in die Ferne blickte.

„Und was," fragte mein Freund Walter.

„Etwas, das wirklich neu ist. Eine neue Erfahrung, ein neues Modell. Es ist doch alles abgegriffen. Es sind doch alles alte Geschichten und keine neuen, erfrischenden. Wir bräuchten eine neue Geschichte."

„Vielleicht ist die Zeit für eine Erderneuerung gekommen."

„Manche sprechen ja von einer NEUEN ERDE, aber oft legen sie dann doch wieder Wert auf ihre alten Deutungen, ihre alten Machtverhältnisse, ihre alten Geschäfte, ihre alten Bücher von vor Jahrtausenden, in denen angeblich alle Weisheiten stehen sollen," kritisierte ich.

„Der Wald hier ist am Sterben. Sieh die vielen toten Fichten!," sagte Walter und zeigte mit dem Finger auf die toten Baumgestalten. „Gleichzeitig erneuert sich der Wald, wenn auch langsam. Für uns Menschen mit unseren paar Lebensjahren zu langsam. Wir sind bald fort, wir sind bald gestorben und verschwunden in der Erde oder in der Luft."

„Eine Himmelbestattung würde ich für mich begrüßen," meinte ich. „Ich würde gerne meine eigene Leiche zerschneiden und den Seglern des Himmels zuwerfen. Hier! Lass es dir schmecken, heiliger Vogel! Aber, lieber Walter, das ist ein anderes Thema. Was ich meine, das ist eine Art neuer Lebensdimension für ein irdisch-spirituelles Leben. Ein irdisch-spirituelles Leben wäre ganzheitlich, beides gleichzeitig. Wir müssten so in der Dimension leben, dass wir von keiner Göttin mehr reden müssten."

„Also, wenn ich dich richtig verstehe, dann möchtest du diesen ewigen Gegensatz überwinden, von dem in der ganzen Geistesgeschichte immer die Rede gewesen ist. Erde und Himmel, Körper und Geist, irdisch und himmlisch, Diesseits und Jenseits, Mensch und Götter."

„Ja, genau. Der Mensch und seine Götter. Das ist für mich das Unzulängliche schlechthin. Wir sind nicht richtig angekommen. Wir haben Afrika, den Urwald und die Savanne verlassen. Seitdem laufen wir durch die Welt, sind aber nicht angekommen. Einzelne, gut, aber wir nicht. Wir, die Menschheit, nicht."

„Die hat sich wohl eher verrannt," meinte Walter mit zynischem Tonfall.

„Die hat sich in der Tat verrannt. Oder sie steht im Stau auf der Autobahn. Oder hängt in der Warteschleife fest. Please hold the line! Aber es geschieht nichts. Es antwortet keiner. Dieser Herr, den sie immer noch „Gott" nennen, bleibt stumm. Er ist tot, wie Nietzsche schon festgestellt hatte."

„Die Antwort müsste in uns entstehen."

„Ja, sie müsste ganz natürlich unser Leben sein, unser anderes, verändertes Leben."

„Du weißt aber nicht, was und wie, nicht wahr?," fragte Walter.

„Nein, wie denn auch? Ich stehe wie der Neanderthaler vor 100.000 Jahren vor einer völlig unbekannten Welt und frage mich, wohin die Reise gehen wird."

„Vielleicht solltest Du ein Rabe werden," lachte Walter.

„Ja, ich beherrsche nur nicht diese Metamorphose. Die schamanische Reise reicht nicht aus, weil ich doch immer wieder in meinem Körper lande." Ich hatte das Gefühl, vor einer gigantische Mauer zu stehen, einer Mauer der Evolution. Ich sah keinen Weg. Ich sah keine Möglichkeit.

„Mich erinnert das eben an Buddha," sage Walter. „Er setze sich nach langer Wanderung unter einen Baum, um dort endlich, endlich den Ausweg zu finden aus dem ewigen Kreislauf des Gleichbleibenden und sich endlos Wiederholenden. Vielleicht bleibst Du nun auf dem Felsen sitzen," lachte Walter.

„Ja, ja, bis ich zum Raben geworden bin!"

„Aber," meinte ich, „im Ernst, es bleibt keine andere Möglichkeit. Im

Grunde macht der Mensch nichts anderes."

„Wenn die schamanische Reise nicht reicht, was bleibt dann?," fragte Walter. „Andere Phantasiereisen, reale Reisen oder ein Trip?"

„Vielleicht sollte man mal wieder einen Trip machen," meinte ich. „Die realen Reisen meide ich momentan. Überall begegnet man den gleichen Leuten, den gleichen Dingen. Überall findest du die gleiche Zivilisation. Das Fernsehen, das modere Phantasiereisemedium, bringt letztendlich nur bunte, endlose Bilder."

„Das wird immer Ersatz bleiben, wie alle Filme."

„Ja. Filme reichen nicht. Vor hundert oder fünfzig Jahren waren Filme noch geradezu magisch. Heute ist das Erlebnis ausgeleiert."

„Also vielleicht doch wieder reale Reisen?"

„Vielleicht. Nur wie?," fragte ich, der ich keine Antwort wusste, sondern eher verzweifelt nach einem ganz neuen Weg suchte. „Ein Trip war einmal sehr revolutionär. Aber diese Methode kann auch schnell unergiebig werden, wenn man keine neuen Erkenntnisse gewinnt. Darum muss es ja gehen, um neue Erkenntnisse, nicht um bloße Beschäftigung des Gehirns oder um Betäubung. Das Fernsehen ist ein Betäubungsmedium. Man schaut sich die ganze Welt an und lernt am Ende doch nichts. Man hat alles gesehen, aber nichts mehr erlebt. Das Internet ist nicht besser, weil es auch nur eine Art von Fernsehen ist."

„Früher, in meiner Jugend, habe ich Karl May gelesen. Die Reisen in den Westen oder in den Orient waren intensiver als meine späteren realen Reisen. Ich hatte wohl mehr geistigen Hunger damals."

„Das wird so sein," meinte ich. „Wenn man nichts hat, ist der Hunger größer. Wir sind auch übersättigt heute. Aber das ist nicht mein Problem, weil ich etwas ganz Anderes suche."

„Also keine reale Reise, keine Phantasie, kein Trip – was dann?"

„Das ist es ja, ich weiß es nicht. Etwas Neues!"

„Etwas völlig Neues?"

„Ja, wie die Entdeckung der Philosophie in der Antike oder die Entdeckung der Wissenschaft in der Renaissance, oder die Entdeckung der Vernunft im achtzehnten Jahrhundert. Die Entdeckung einer neuen Kraft oder Fähigkeit des Geistes. Das Bisherige reicht nicht aus. Mir reicht es nicht mehr."

„Der Weg nach innen, der Weg der Meditation?", warf Walter ein.

„Nein, das hat der Mensch schon lange durch. Das ist ein altes Programm, eine alte Möglichkeit. Es ist ja nichts gegen die alten Wege zu sagen, sie sind im Prinzip alle in Ordnung, aber sie reichen nicht mehr, wenn man eine neue Dimension erreichen will."

„An die Technik wirst du sicher nicht glauben, oder?," wollte Walter wissen.

„Nein. Die Instrumente sind nur verfeinerte Speere und Faustkeile. Der Mensch bleibt da doch mehr oder weniger auf dem Affenniveau stehen. Man sieht das bei den technikgläubigen Nationen. Sie sind menschlich und spirituell keinen Schritt weiter gekommen. Eher im Gegenteil. Sie degenerieren und werden zu bloßen Handlagern der Technik."

„Warum reichen die bisherigen Methoden alle nicht?"

„Tja, eigentlich hätten sie ja genügen müssen. Die Meditation von Buddha, der Bhakti-Yoga-Weg von Jesus, also die völlige Hingabe, die Philosophie von Platon. Eigentlich hätte eine der Methoden bereits eine große Wende in der Evolution der Menschheit bewirken können."

„Und was hat sie behindert?," fragte Walter.

„Zu viele Störmanöver, zu viele Sabotageakte, zu viele Triebe und Süchte, immer wieder, immer wieder neu, immer wieder anders."

„Also liegt es weniger an der Methode, als viel mehr an den Störungen?"

„Das kann sein. Dennoch, mir scheint eine ganz neue Methode zu fehlen. Meditation verlangt viel Disziplin, Bhakti-Yoga viel Selbstlosigkeit, Philosophie einen starken Geist. Die meisten Menschen haben das nicht. Sie sind schwach, unwillig, lustlos, getriebene Wesen, wankelmütig, skeptisch und vor allem zu eigensinnig. Wie soll da was funktionieren?"

„Dann musst du wohl auf deinem Felsen sitzen bleiben," meinte Walter zynisch.

„Und warten bis ich zum weisen Raben mutiert bin."

Der Luchs

Seit vielen Stunden saß ich auf einem Felsen und beobachtete das Geschehen in der Natur. Die Sonne war am Untergehen und den Mond konnte ich in den Zweigen der Ebereschen sehen. Bisher war nichts geschehen, jedenfalls nichts Ungewöhnliches. Langsam wurde mir langweilig.

Jetzt musste ich die Nacht hier verbringen, denn im Dunkeln konnte ich den Weg nicht finden. Zu leicht konnte ich stolpern oder in eine Erdvertiefung treten und mir den Fuß verknacksen oder sogar brechen.

Für die Nacht hatte ich alles dabei. Genug Wasser und ausreichend Regenschutz und Kleidung, falls mir kalt werden sollte.

Je länger man an einem Ort sitzt, desto mehr verbindet man sich mit diesem Ort. Man schlägt gewissermaßen Wurzeln. Das ist sicher eines unserer Defizite, dachte ich, dass wir keine Wurzeln mehr haben. Keinen wirklichen Ort, keine wirkliche Heimat. Wir sind nur Durchreisende.

Ich hörte irgendeinen Vogel, dessen Laut ich nicht zuordnen konnte. Lachte der Vogel. Vielleicht. Ja, doch, er hat bestimmt über mich gelacht, dachte ich.

Ich wurde müde, nickte ein, versank in einen Halbschlaf. Als ich wieder aufwachte, stellte ich fest, dass der Mond im Südwesten stand. Ich hörte einen Waldkauz. Sonst war es still.

Ich schlief wieder ein. Aber ich schlief nicht tief, ich konnte zu jeder

Zeit schnell aufwachen und aufstehen. Mein Platz in einer Grasmulde neben dem Felsen war nicht bequem.

In meinen Träumen reiste ich zurück in eine Zeit, als man noch durch die wilde Natur ziehen konnte, als man das musste, weil es keine schnellen Transportmittel gab. Damals war man allem ausgesetzt. Man spürte den Regen, den Wind, die Steine, die Wärme, die Kälte, man spürte alles ganz direkt. Die Schuhe waren keine guten Goretex-Stiefel, in denen die Füße trocken blieben. Man hatte keine leichte, warme Daunenjacke für die Nacht. Man kämpfte ums Überleben. Überleben war der ganze Sinn. Aber für mich war es das auch, nur anders.

Eigentlich war ich längst tot. Ich war längst im Totenreich angekommen. Irgendwas wollte aber weiter, weiter gehen und weiter leben. Ich hörte wieder einen Waldkauz. Ob er lachte? Können Waldkäuze lachen?

Irgendein Geräusch ließ mich aufwachen. Als ich die Augen öffnete, sah ich einen Luchs. Der Luchs war stehen geblieben und schaute mich an. Lange. Ich bewegte mich nicht, sagte nichts, sondern schaute nur den Luchs an.

Hinter dem großen Berg im Osten sah ich bereits ein wenig das Licht des Morgens. Aber es würde noch mehr als eine Stunde bis zum Sonnenaufgang vergehen. Es war auch noch totenstill.

Der Luchs sah mich immer noch an. Vielleicht rätselte er, wem er hier begegnet war. Irgendwann entschloss er sich umzukehren. Er drehte sich plötzlich um und verschwand zwischen den Fichten und Felsen. Schnell war er verschwunden. Man sah und hörte nichts.

Ich dachte über den Luchs nach, über dessen Leben in den Bergen. Ich war nur ein Besucher, aber der Luchs lebte hier immer. Es war seine Welt, sein Wald und seine Felsen.

Ich schlief noch ein wenig. Als ich mehr und mehr die Vögel hörte, wurde ich ganz wach. Als die Sonne über dem großen Berg erschien, trat ich meinen Rückweg an.

„Je mehr wir die Ökologie verstehen, desto mehr verstehen wir die

Vernetzung," sagte ich.

„Und damit sollten wir dann auch begreifen, dass jedes ausgrenzende Denken a priori falsch ist. Und jedes Denken in Absolutismen ebenfalls," meinte Walter.

„So ist es. Der Absolutismus ist historisch überholt. Im Grund völlig überholt."

„Aber sie hängen noch an ihm fest. Sie kleben noch an ihm," bekräftigte Walter. „Sie wollen ihn nicht loslassen!"

„Nein, sie denken immer noch ans Wachstum, statt das **Fließgleichgewicht** anzuerkennen und entsprechend zu handeln."

„Du willst sagen, dass es kein Wachstum mehr geben darf?"

„Genau. Ich meine natürlich dieses amerikanische Wachstum, das immer weiter und höher hinaus will. Das in den Kreislauf eingebundene, rhythmische Wachstum wird es immer geben."

„Also Wachstum in den Grenzen der Jahreszeiten," folgerte Walter. „Aber ist das neu? Ist das eine neue Methode?"

„Ja und nein. Es ist nichts wirklich Neues, aber es ist deshalb neu, weil man seit Jahrzehnten glaubt, immer weiter und weiter auf einer Expansion reiten zu können. Aber das Pferd ist längst tot. Zu Tode geritten. Es gibt ja auch, wenn man sich die Welt anschaut, keine wirkliche Verbesserung. Man tut nur so. Man bildet es sich ein. Man gaukelt es den Menschen vor. Eine echte, humane Verbesserung kann ich nicht erkennen," kritisierte ich die Lage der Welt.

„Was wäre eine echte Verbesserung?"

„Arbeit für alle. Wohnraum für alle. Weniger Stress. Gesunde Umwelt. Die neuen Menschenrechte. Es ist eigentlich sehr einfach. Die Mächtigen behaupten immer, dass es so kompliziert sei. Das ist es aber gar nicht. Kompliziert ist ihr Lügengebäude und ihr ganzes Betrugssystem. Das ist kompliziert, weil es die Wahrheit verstecken muss, die Wahrheit nämlich, dass sie rücksichtslose Ausbeuter sind, getrieben von einem Wahn, die Welt beherrschen zu wollen."

„Du bist heute wieder der Weltrevolutionär, nicht wahr!," stichelte Walter.

„Sicher. Revolution heißt für mich, dass man etwas ganz Neues anstrebt. Fassadenmalerei ist nicht mein Ding. Nie mein Ding gewesen. Das ist Betrug. Auch Selbstbetrug."

„Gut. Was mir aber immer noch fehlt, das ist diese ganz neue Methode, von der Du gesprochen hast."

„Wenn ich das wüsste. Bin ich Sokrates oder Platon? Bin ich der Wendepunkt der Weltgeschichte? Die Suche nach der ganz neuen Methode gehört zur Entwicklung dazu. Es kann gar nicht anders sein, als dass wir sie suchen. Irgendwann werden wir sie finden!"

„Schon eine vage Idee?"

„Ja. Vielleicht wird sie etwas mit der **Seelenvernetzung** zu tun haben," meinte ich.

„Seelenvernetzung?"

„Ja. So wie alle Gene des Menschen miteinander, mehr oder weniger, verbunden sind, so sind es auch die Seelen. Auf einer höheren Ebene. Auf einer spirituellen Ebene. Das gilt es mehr zu erkennen, mehr zu erfahren und mehr zu kultivieren!"

„Eine interessante Perspektive!"

„Du erinnerst Dich an meine Begegnung mit dem Luchs, von der ich Dir berichtet habe?," fragte ich.

„Sicher doch."

„So in etwa könnte es gehen, die Seelenvernetzung."

Lübbensteine mit Eiche

4. Land der Göttin

Das eigene Land kann man sehr unterschiedlich sehen, dachte ich. Es hängt immer ab von dem, was man erkennen kann und was man sucht oder erwartet.

In einer Stadt hatte ich eine „Insel der Göttin" entdeckt, ich nannte sie so. Es war eine kleine Parkanlage in der Nähe des Bahnhofs. Ich entdeckte mehrere magische Bäume. An einer Stelle standen eine riesige Buche, ein Baumhütergigant, ein kleiner Eibenhain, eine hexenartig gewachsene Akazie und ein großer Granitstein als Gruppe zusammen.

Schon eigenartig, was sich manchmal so zusammen findet. Als hätte jemand ganz bewusst etwas gestaltet. Für mich waren es die Geister der Erde und nicht die Angestellten der Stadtgärtnerei. Es braucht immer viele Jahre, bis sich ein besonderer Ort entwickelt hat. Viele Jahrzehnte. Zerstört wird hingegen immer viel und schnell.

Eine „Insel der Göttin" ist ein Ort, der den Geist hütet, das Wesen einer Welt der ausdrucksstarken Natur. Solche Inseln sind Orte des Rückzugs. Ich hatte sie immer mal wieder entdeckt. Von ihnen aus könnte sich irgendwann dieser Geist wieder ausbreiten, wenn der Mensch es zulässt oder wenn er es bewusst fördern will.

Das eigene Land sieht man anders, wenn man auf einem der wilden Berge steht oder vor dem Brandenburger Tor bei der Feier zum Mauerfall. Die Stadt war nicht meine Welt. Aber auch in den großen Metropolen hatte ich „Inseln der Göttin" entdeckt.

Es ist eigentlich nicht schwer, sie zu finden, wenn man den Geist darauf ausgerichtet.

Darauf kommt es an:

Den Geist auf das Wesen der Göttin auszurichten!

Land der Mitte

das Land der Mitte ist
das Land der tiefen Wälder

der violetten Heide und
der magischen Felsen und Berge

Schwarz ist die Nacht des Kosmos
der alles wandelt in Kreisen

Rot ist das Blut des Lebens
die heilige Erde der Heimat

Gold ist das Metall der Adern
der Flüsse des wilden Himmels

die Wüste und ihre zornigen Götter
sie gehören nicht zu uns

auch nicht der Urwald und
die lachenden Götter des Amazonas

die dunklen Wälder und Berge der Winde
die heiligen Haine und Felsen der Kraft

sind Gesichter der Göttin der grünen
der lebenden wandelnden Erde

in der Mitte ruht das uralte Gebirge
mystische Berge aus der Zeit der Steine

sein Bruder sind die Black Hills

seine Schwester der Altai im Osten

um die Mitte des Lebens
zieht sich der heilende Kreis

in der Mitte ruht die alte Mutter
was immer wir tun und denken

Grenzen und tausend Besucher
bleiben Erscheinungen des Tages

sie verschwinden wie Nebel
in den Strahlen der Sonne

das Land der Mutter
träumt eine andere Welt

du findest sie in der Stille
bei einer heiligen Buche

auf einem der grünen Hügel
oder einem der magischen Felsen

die Wahrheit des Landes
gehütet wird sie – im dunklen

Wald

Die Farben der deutschen Fahne sind eigentlich nicht meine Farben. Rot, Blau und Weiß, diese Farben wären mir lieber gewesen. Merkwürdigerweise hatte aber Deutschland diese Farben der „Hexen" gewählt, die auch den Farben der alten Göttin entsprachen, obgleich diese eigentlich Schwarz, Rot und Weiß gewesen waren.

Ob man an die Göttin glaubt oder nicht, die drei Aspekte haben und behalten ihre Gültigkeit für alle Zeiten.

1. Die reine Ganzheit

2. Das rote Leben

3. Der verändernde Wandel

Egal, in welcher Zeit wir nun leben, es wird immer die Ganzheit, das Leben und den Wandel geben.

In schamanischen Kulturen des Ostens findet man eher die Kombination Rot, Blau und Weiß. Vielleicht sind es in jedem Fall drei Farben einer Trinität, eines Dreiklanges, der drei elementare Aspekte des vielfältigen Lebens ausdrücken soll.

Schon eigenartig, das mit der deutschen Farbkombination. Eine Botschaft, die man bewusst vermutlich niemals gewollt hätte, aber das Unterbewusstsein oder die Seele des Volkes hatten sich hier vielleicht durchgesetzt.

In der alten Farbsymbolik waren Rot und Schwarz immer die Farben des „Teufels" gewesen. Der „Teufel" ist, wenn man so will, ein unzivilisierter Gott, ein unbeherrschter, ein verrückter. Sprachhistorisch gesehen, gehören Deus und Devil sogar zusammen.

Die elementare Urkraft der Welt haben alle Menschen seit vielen Jahrtausenden gespürt, erkannt und zu benennen versucht. Da das Leben und die Existenz ambivalent sind, waren es immer auch die Götter. Das nur Reine, das nur Schöne war immer ein Traum gewesen. Das Leben und die Realität waren und sind nun einmal beides.

Deutsche Farbenlehre

Über unserem Vaterland ruhet eine schwarze Nacht,
und die eigene Schmach und Schande hat uns diese Nacht gebracht.
Ach wann erglänzt aus dem Dunkel der Nacht
unsere Hoffnung in funkelnder Pracht?

Und es kommt einmal ein Morgen, freudig blicken wir empor:
Hinter Wolken lang verborgen, bricht ein roter Strahl hervor.
Ach wann erglänzt aus dem Dunkel der Nacht
unsere Hoffnung in funkelnder Pracht?

Und es zieht durch die Lande überall ein goldnes Licht,
das die Nacht der Schmach und Schande
und der Knechtschaft endlich bricht.
Ach wann erglänzt aus dem Dunkel der Nacht
unsere Hoffnung in funkelnder Pracht?

Lange hegten wir Vertrauen auf ein baldig Morgenrot;
kaum erst fing es an zu grauen, und der Tag ist wieder tot.
Ach wann erglänzt aus dem Dunkel der Nacht
unsere Hoffnung in funkelnder Pracht?

Immer unerfüllt noch stehen Schwarz, Rot, Gold im Reichspanier:
Alles läßt sich schwarz nur sehen, Rot und Gold, wo bleibet ihr?
Ach wann erglänzt aus dem Dunkel der Nacht
unsere Hoffnung in funkelnder Pracht?

Hoffmann von Fallersleben

(aus: *Deutsche Salonlieder 1843*)

Eine Klage über den Zustand Deutschlands im Jahre 1843. Andere Dichter wie Ferdinand Freiligrath oder Heinrich Heine haben uns ihre Klagen hinterlassen. Es sind natürlich mehr politische Klagen, weniger spirituelle. Darum ging es vielleicht einem Dichter wie Hölderlin.

Auch heute könnte man klagen.

Schwarz ist die Stagnation und die Macht das Kapitals, die keine Veränderung will, keinen Fortschritt, keine Freiheit für die normalen Menschen, nur für die Reichen, die Superreichen, die Milliardäre, die das Land und die Menschen immer nur ausbeuten, die weder an Gott noch an die Göttin glauben, sondern nur an den bösen Mammon. Rot ist das Blut, das all die Grauen den vielen Menschen aussaugen. Grau sind sie, wie in Michaels Endes Buch „Momo". Die Grauen wollen keine Phantasie, keine lebendige und keine menschliche Kultur, sondern nur Profite, Profite, Profite.

Und Gold? Was ist mit dem Gold?

Das materielle Gold wird gebunkert. Es gehört den Reichen. Das Gold der Reinheit kann man lange suchen. Das Gold der Schönheit ist überall im Land versteckt, es können die magischen Felsen in der sächsischen Schweiz sein oder der Schmetterling auf der Asternblüte, überall findet man Schönheit, sofern sie nicht morgen schon zerstört wird, für irgendeinen Profit. Das Gold der Weisheit, das Gold der deutschen Poesie und Philosophie? Hier muss man sich selbst auf den Weg machen. Wenn man es nicht macht, dann wird man es auch nicht finden.

Gold könnte die Kraft der Sonne sein. Die Kraft einer Kultur, die sich der Sonne verbunden fühlt, die das böse Höllenfeuer einer Profitgier löscht. Gold nicht mehr im Sinne des Besitzes, sondern im Sinne einer heilenden Religion der Erde. Aber ist Gold dafür geeignet, wo es doch so viele Jahrtausende missbraucht worden ist?

Wem gehört eigentlich ein goldener Buddha oder eine goldene Pagode?

Drückt sich darin nicht die Idee einer höheren Menschheit, eines entwickelteren Mensch-Seins aus?

Man sollte einen goldenen Buddha oder ein goldene Pagode vielleicht wirklich einmal nur als Bild, als Idee einer höheren Menschheit verstehen. Also nicht gleich damit kommen, dass man eine andere Konfession habe. Das verstellt den Blick. Das behindert Offenheit. Das verhindert im Grunde einen klaren Geist!

Wenn Deutschland als ein *Land der Göttin* verstanden werden kann oder soll, dann müssten die Farben entsprechend verstanden und gedeutet werden. Gegenwärtig sieht es wohl so aus, dass es einfach nur Farben sind. Die meisten Menschen haben keinen inneren Bezug zur Bedeutung der Farben. Viele haben nicht einmal einen Bezug mehr zur Farbe, weil sie so auf Schwarz, Silber und Grau fixiert sind. Man schaue sich die Kleidung der Menschen in der Stadt an. Man schaue sich ihre Autos an. Sie sind alle auf einer Beerdigung. Sie beerdigen das bunte Leben. Sie wollen kein buntes Leben. Schwarz und Silber, das sind ihre „Farben", die natürlich im Grunde keine Farben sind.

Wie farbenfroh sind hingegen, im Kontrast dazu, die Indios in Peru! Ihre Göttin heißt Pacha Mama. Eine Göttin der bunten Farben, wenn wir so wollen.

Schwarz ist keine Farbe. Rot, Blau und Weiß wären, wie oben schon gesagt, mir persönlich lieber gewesen. Oder Rot, Gelb, Blau. Oder Rot, Gelb, Grün. Rot, Blau und Weiß ist vielleicht die kraftvollste Farbkombination bei drei Farben.

Wenn man allerdings die Vielfalt der Göttin sieht, dann reicht eine einfache Dreierkombination nicht aus. Das Leben ist bunt und wird immer bunt sein. Das haben nur wenige Völker verstanden.

Die schwarze Fahne der IS-Terroristen zeigt, rein von der Nicht-Farbe her gesehen, bereits ihre total beschränkte Weltsicht. Schlimmer geht es nicht. Eine Fahne von Geisteskranken!

Der Regenbogen ist das Gegenstück. Nelson Mandelas Regenbogen. Aber es ist nicht seine Erfindung. Das weiße Licht spaltet sich durch ein Prisma auf in die verschiedenen Farben. Das ist das Prinzip der Entfaltung.

Wer nur Schwarz mag, der ist tot im Kopf – und in seinen Gefühlen. Schwarz ist das schwarze Loch. Schwarz war die Uniform der SS, und sie ist heute die Uniform des IS und der Rechtsradikalen. Wo ist da ein Unterschied? Schwarz ist immer der Faschismus. Der will das Leben vernichten. Aber Schwarz ist auch das Merkmal der Kapitalisten, die die Menschen ausbeuten und dann als Müll fortwerfen wollen. Schwarz sind die Hüte gewisser Leute. Schwarz sind die dicken Autos der Mafiabosse. Immer ist da etwas Unheilvolles, wenn man auf Schwarz fixiert ist, was immer es im einzelnen Fall sein mag.

„Zeig' mir deine Farbe, und ich sage Dir, wer Du bist!"

Für mich ist Deutschland nie schwarz gewesen. Das Land ist nicht schwarz. Bestenfalls ist es Grau, wenn man an die Felsen und Berge denkt, die Felsen im Harz und die Berge im Werdenfelser Land. GRÜN, das ist dieses Land. Ein grünes Land, dachte ich.

Griechenland hat vielleicht eine schöne Fahne. Die weißen Häuser der Inseln, der Kykladen und das Blau, die Farbe des Himmels und des Meeres.

Zur Fahne Griechenlands:

„Die Flagge soll „Gottes Weisheit, Freiheit und das Land" darstellen. Das Blau steht für das Meer und den Himmel, Weiß für die Reinheit des Kampfes um die Unabhängigkeit. Das Kreuz steht für die christliche Tradition Griechenlands, die vor allem durch die orthodoxe Kirche gepflegt wird. Die neun Streifen entsprechen den neun Silben des Wahlspruchs des griechischen Befreiungskrieges:E-$λευ$-$θε$-$ρί$-$α$ $ἡ$ $Θά$-$να$-$τος$ (E-lef-the-rí-a i thá-na-tos, deutsch *Freiheit oder Tod*)" (Quelle: Wikipedia)

Das weiße Kreuz würde ich im Sinne eines mystischen Christentums deuten. Man stelle sich eine griechische Insel vor und selbstlose Mönche in einem der Bergklöster. Man stelle sich die Ikonen vor, die heiligen Bilder, die eine transzendente Welt zum Ausdruck bringen. Aber das ist nicht mehr von dieser Welt.

Die Göttin ist von dieser Welt, sie braucht kein Jenseits. Sie geht im

Diesseits auf. Sie hat auch kein Kreuz, sondern einen Kreis, einen fließenden Kreis.

Einen perfekten Kreis gibt es in der Mathematik, aber wohl nicht in der Natur, obgleich es viele Kreisstrukturen gibt. Der Kreis hat eine krumme, eine runde Linie. **Die runde Linie ist die Linie der Göttin**, nicht die gerade Linie, nicht der rechte Winkel.

Runde Häuser bringen das zum Ausdruck. Die Indianer haben ihre Tipis und die Mongolen ihre Jurten so verstanden. Diese elementaren Häuser drücken bis heute den Geist der Göttin aus. Mutter Erde und die Weiße Tara sind Ausdrucksformen der universellen Göttin. Die Türme von Babylon, die man in New York, in Dubia, in Shanghai und überall auf der Erde sehen kann, drücken einen anderen Geist aus.

Gibt es heute ein Land der Göttin?

Nicht richtig, nicht wirklich. Es gibt Reste. Meist sind sie versteckt. So auch in Deutschland. Es gibt keine Schilder, es gibt keine allgemeine Akzeptanz, denn immer noch herrschen die alten patriarchalischen Kirchen und auch die säkularisierte, materialistische Welt glaubt an einen männlichen Gott, der Profit heißt. Profit ist sein Name, nicht JHWH oder Zebaoth, wobei letzterer nicht so anders ist. Dieser Gott ist nicht lieb, sondern böse und er tötet seine Feinde. Ein böses und im Kern brutales Konzept. Wer davon nicht lassen kann und will, der schafft immer wieder Antagonismen und Kriege, wie man im Land des Bösen sehen kann.

Die krummen Linien der Flüsse, der Äste der Bäume, der Pfade der Tiere, der am Himmel fliegenden Kraniche, sie sind schön und im Sinne der Göttin. Daran muss man sich orientieren. War es nicht Hundertwasser gewesen, der sich für die krumme Linie eingesetzt hat? Überall in der Natur findet man krumme Linien, weil sie lebendig sind. Das Lebendige ist schön.

Wie kam es nur dazu, dass die gerade Linie so bedeutend geworden ist? Vermutlich war der Mann zu sehr besessen von seinem Werkzeug, dem Speer. Damit konnte er töten. Das bereitete ihm höchste Lust. Das unschuldige Tier zu töten. Das Fell zu durchstechen und das Herz zu treffen, das herausströmende Blut zu sehen und das vergehende Leben zu beobachten. Das getötete Tier brachte ihm Nahrung und Leben. Die Macht berauschte ihn. Er hatte Macht über Leben und Tod. Die Besessenheit ist er nicht wieder losgeworden, als immer noch elementarer Jäger im deutschen Wald oder seien es die vielen subtilen Formen des Tötens. Der Speer, die Waffe, der Tod. In diesem hinterwäldlerischem Schönigen haben sie ein ganzes Museum für ein paar uralte Speere gebaut, um die sie einen großen „Hype" machen. Dabei sind es nur Stöcker. Aber sie konnten töten und sie haben getötet. Das war ihnen wichtig, das ist ihnen wichtig. Sie wollen töten, weil sie das Leben nicht hüten und bewahren wollen. Sie sind Killer. Sie haben das blutige Geschäft gewählt, so oder so.

Ich würde mir gerne eine weiße Jurte auf dem Hügel errichten. Aber die Jäger und die Kahlschädel würden sie in ihrem Hass entweder beschmieren oder zerstören. Ich weiß das, so beschränke ich mich auf eine imaginäre Jurte. Ich habe sie errichtet, eben als geistige Form. Das muss genügen.

Manchmal denke ich, dass man all diese Landkirchen abreißen müsste. Man müsste runde Tempel der Göttin schaffen. Warm und kuschelig, wie der Schoß von Mutter Erde. Das würde zu einem Land der Göttin passen. Diese Landkirchen sind nur tote, alte und vor allem schweinekalte Versammlungshäuser, die meistens leer stehen wie alte Scheunen, die keiner mehr braucht und in denen das Holz vermodert. Weg damit! Etwas Neues schaffen!

5. Eine alte Kultstätte

Man weiß nicht, was hier mal stattgefunden hat. Auf dem Messtischblatt ist es als KD vermerkt, Kulturdenkmal. Sehr lange hatte ich diesen Ort nicht besucht.

„An die Göttin muss man nicht glauben," meinte Sybille.

„Warum nicht?"

„Weil man sie erkennen kann, wie die Eiche hier. Wie den Hügel, alle die Bäume und Büsche hier, den Bussard. Es ist alles ganz klar zu sehen."

„Wenn man sehen kann," ergänzte ich.

„Genau, wenn man sehen kann. Dazu muss man natürlich hier sein, was ja logisch ist. Jetzt fahren sie alle wieder in die Innenstadt und schauen sich die abgehauenen Tannen an. Es interessiert sie nicht, woher die Bäume kommen. Es interessiert sie nicht, dass sie nur für ein paar Wochen abgehauen worden sind, nur für ein paar Wochen! Es ist ihre stereotype Dekoration."

„Ja, ich weiß. Es ist widerlich. Und es ändert sich nichts."

„Die Eiche hier ist ein magischer Baum. Schau Dir die vielen Augen an. Das Gesicht der Göttin hat immer viele Augen. Keine Menschenfratze, von Hass oder Lust verzerrt, sondern ein vielfältiges Gesicht."

Ich nickte und gab so seine Zustimmung. Sybilles heiliger Zorn nervte mich etwas. Ich wollte nur still sein. Und um den magischen Baum, um die magische Eiche auf diesem Hügel herumgehen und meine Pfeife rauchen.

An einen der östlichen Zweige hängte ich einen Wollfaden: grün, orange, violett. Ich wusste nicht, ob jemand dieser Kombination mal eine Deutung gegeben hatte. Es war mir auch egal.

„Hier spielt eine andere Zeit," meinte Sybille. „Eine ganz andere Zeit."

Eiche bei Eilum

„So ist es. Unter dieser Eiche befindet man sich nicht mehr im 21. Jahrhundert. Hier ist die Zeit gewissermaßen aufgehoben. Wenn ich meine Pfeife rauche, ist die normale Zeit immer aufgehoben."

„Interessant. Wusste ich noch gar nicht."

„Da kannst Du mal sehen."

Auf der westlichen Seite der Eiche klopfte ich meine Pfeife aus. Ich musste daran denken, wie oft ich das schon getan hatte, und an was für unterschiedlichen Orten.

Sybille hockte sich hin und zerkrümelte den Tabak einer ihrer filterlosen Zigaretten. Das Papier steckte sie in ihre Jackentasche. Mit ihren Händen berührte sie den Stamm der Eiche und ließ ihre Stirn einige Momente auf der Rinde ruhen.

Der Schrei eines Bussards ließ sie beide aufschrecken. Kommt jemand? Sie konnten niemanden sehen und hören konnten sie ebenfalls nichts. Es war dämmrig und neblig am heutigen Tag. Die Sonne und der blaue Himmel waren weit hinter den niedrigen Nebelwolken verborgen. Das braue Laub der Eichenblätter war nass und matschig. An kleinen Eichenbäuchen hingen noch viele hellbraune Blätter.

„Eigentlich ist Braun keine schlechte Farbe," sagte ich.

„Nein, warum sollte sie auch."

„Man müsste sie von den bösen Assoziationen befreien. Was kann die Farbe dafür? Die trockenen, braunen Eichenblätter sehen doch schön aus."

„Ja. Habe ich noch gar nicht so bewusst wahrgenommen," stellte Sybille fest.

„Grün und Braun. Das satte, intensive Grün der Blätter im Sommer, und jetzt, in der Zeit des Winters, das helle Braun."

„Farben der Erde."

„Ja, Farben der Erde."

*

Alte Kultstätten sind oft die heiligen Haine, heilige, ganz besondere Waldstücke. Am besten ist es, wenn sich niemand dafür interessiert und auch keiner weiß, dass sie sich überhaupt dort befinden. Das schützt sie am meisten. Wer auf dem Weg zur Göttin ist, der findet sie.

Die Konsummenschen strömen in ihre modernen, leuchtenden Tempel. In ihre Einkaufszentren oder riesigen Lebensmittelmärkte. Das sind die Kultstätten des Konsumismus!

Ich entdeckte in einem alten Schlosspark, in dem große Buchen, Eichen und Mammutbäume standen, einen Eibenwald. Einen Wald in einem Wald, sozusagen. Recht große, eindrucksvolle Eiben unter denen man geschützt stehen konnte. Die Eibe, ein alter, sehr alter, immergrüner Baum der Göttin. Hüterin der zeitlosen Urkraft jenseits der Jahreszeiten. Auch im Winter bleibt sie grün.

Die Tanne hatten sie degeneriert und funktionalisiert für ihr dummes Tannenbaumfest. Dabei hatten sie meist keine Tanne, keine Nordmanntanne, sondern eine Fichte. Überall stellen sie in der Adventszeit ihre abgehauenen Fichten auf, für ihren Totenkult, denn im Grunde ist der Konsumismus ein Totenkult.

Eine echte, große Tanne ist etwas anderes. In dem alten Schlosspark fand ich auch eine hohe, schöne Tanne, unter die man wie in einen sakralen Raum treten konnte.

Wer sieht das? Wer erkennt das?

Die Eibe bleibt ein wilder Baum. Sie repräsentiert eine andere Welt. Eine Welt der mystischen Natur. Das kann man erfahren, wenn man durch einen Eibenhain in einem Wald geht. Die Eibe ist ein Zauberbaum. Odins alter Zauberbaum und Runenbaum. Fred Hageneder hat ein ganzes, wunderschönes Buch über diesen Baum geschrieben. Eines der besten Bücher über einen einzelnen Baum! Die Eibe ist ein Lebensbaum. Das unzerstörbare Leben von Mutter Erde. Die Urkraft von Mutter Erde.

Aber wen interessiert das?

Sie reden über das Klima, das sie retten wollen. Sie kreisen dabei jedoch nur um sich. Im Grunde wollen sie nicht das Klima retten, sondern ihre Kultur des Geldes, denn die ist ihnen heilig. Das ist ihr großer Gott, das Geld. Sie denken, es sei alles eine Frage des Geldes-

Bei Mutter Erde geht es um das Hüten, Bewahren, Erhalten.

Es geht um das Leben von Mutter Erde.

Wie man es beschreibt, das ist eigentlich egal, wenn man es mit der konkreten Realität vergleicht. Es kommt auf die Erfahrung des Konkreten an. **Mutter Erde will konkret erfahren werden.** Sie liebt konkrete Rituale und kein allgemeines Geschwätz über abstrakte Konzepte.

Eine Eibe ist immer ein konkrete Eibe, die man sehen und berühren kann.

Je mehr die Welt künstlich wird, desto mehr wird das Konkrete, Reale wichtig, dachte ich.

Warum denken sie nur, dass sie eine bessere Welt schaffen können?

Man muss unter einer Eibe stehen. Man muss die Eiben selbst besuchen. Es reicht ja auch nicht, von einem Menschen nur ein Foto zu haben, oder nur mal für ein paar Minuten vorbeizuschauen. Guten Tag. Auf Wiedersehen. Schnell, schnell. Keine Zeit. Keine Ruhe. Und schon wieder etwas Neues suchen. Immer etwas Neues suchen, weil man im Alten, im Immergleichen keine Befriedigung mehr finden kann, kein Zuhause, keine Heimat, kein tiefes Seinsgefühl.

Die Eibe hütet das Wesen des Seins. Das klingt vielleicht nach Martin Heidegger. Wenn man sie in Ruhe lässt, dann hütet sie es über viele Jahrhunderte.

Eibe in Uehrde

Vielleicht so wie der Ölbaum im Süden. In Deutschland gibt es keine Ölbäume, sondern eben Eichen und Eiben. Die Eichen und die Linden sind bekannter. Vielleicht weil sie verständlich sind, aus menschlicher Perspektive. Die Eiben sind dunkler, geheimnisvoller, weil sie mehr zum Totenreich, zur Anderswelt gehören.

Wenn man etwas länger unter einer Eibe steht, dann steht man in einer anderen Welt. Einer anderen Wahrnehmungs- und Empfindungswirklichkeit.

Man muss es tun, dachte ich. Man muss es einfach tun, öfter, immer wieder, bis man es spürt.

Über die Eibe schreibt Fred Hageneder:

„Wir verstehen mehr von der Wichtigkeit der Eibe für die Menschen der Vergangenheit, wenn wir die Bedeutung dieser alten Grabhügel erfassen. Sie waren keine Friedhöfe im heutigen Sinne. Vor dem Christentum war der Tod nichts Endgültiges, sondern ein 'Übergang zu einem langen Leben'. Für unsere Ahnen 'war die Grenze zwischen der Welt der Toten und der der Lebenden nicht wirklich. Die Toten machten unsichtbar weiter und waren anwesend bei allen wichtigen Anlässen'. Um die Toten zu einer Zeremonie einzuladen, gingen die Lebenden zum Grabhügel, der der Treffpunkt zwischen den Welten war. Im heiligen Kreis sind Tod und Leben eins, denn der Tod ist nur ein Teil eines fortwährenden Lebens, die Natur führt das überall vor. Die Eibe ist der Baum der Einheit von Tod und Leben, er geht über die Gültigkeit dieses illusorischen Gegensatzes hinaus. Erst mit der Unterdrückung des tieferen Verstehens des Todes in der westlichen Gesellschaft entstand das verzerrte Bild von der Eibe als 'Baum des Todes'. Aber die Eibe praktiziert physiologisch die Wiedergeburt, und wenn sie schon ein Etikett bekommen muss, dann das des 'Baumes des Lebens'. (…)

Die Eibe ist Ewigkeit. Tatsächlich ist der Begriff für 'Ewigkeit', ahd. Ewa, ewi, vom uralten Wortstamm der Eibe, iwe, iwa, abgeleitet (nicht etwa umgekehrt: Zuerst kannten und beobachteten die altsteinzeitlichen Menschen die Eibe, dann erst begannen sie, geistige Konzepte von Zeit und Ewigkeit zu entwickeln). (Hageneder, Geist der Bäume, S. 365)

Beobachtung und eigene Erfahrungen sind die Grundlagen der Naturspiritualität. Und eben nicht irgendwelche Schriften oder Lehrmeinungen, Gesetze und Gebote.

Wenn man unter einer Eibe steht, lässt man sich ganz auf den Baum und seine Aura ein. Das Buch von Hageneder liest man vielleicht im Nachhinein. Wenn man unter der Eibe steht, dann ist nur diese Zeit unter dem Baum wichtig.

Auf den Friedhof bei meinem Haus, nennen wir ihn einfach mal den Hügel der Gräber, steht eine markante Eibe neben dem Weg zur Kirchentür. Die Menschen gehen an ihr vorbei. Sie sehen sie nicht, sie erkennen sie nicht, sie stellen sich schon gar nicht unter den immergrünen Baum der Ewigkeit. Die christliche Indoktrination hat ganze Arbeit geleistet. Es ist heute unglaublich mühsam und nahezu aussichtslos, daran etwas zu ändern.

Kultstätten der Urzeit muss man immer wieder besuchen. Erst im Laufe von vielen Jahren kann man sie erfassen.

Ich denke über die Grundstruktur von Mutter Erde nach. Mandala, Medizinrad, Fraktal, Matrix und die Blume des Lebens fielen mir ein. Die Modelle des Menschen sind oft zu abstrakt. Die Grundstruktur von Mutter Erde ist lebendig und fließend.

Die Eiche der Kultstätte ist ein lebender Baum. Alle ihre Äste bilden eine Halbkugel über der Erde. Wenn man von einem weiter entfernten Ort den Hügel betrachtet, kann man das gut erkennen. In der Mitte ist der Stamm, die zentrale Achse, die Kraft der Erde, die alles zusammenhält. Unter der Erde, für den Menschen nicht sichtbar, befindet sich die Halbkugel des Wurzelgeflechts, ohne die der Baum nicht existieren und leben könnte. Zusammen haben wir also eine Kugel, aber Kugel klingt abstrakt und mathematisch.

Die Philosophie von Mutter Erde ist immer konkret. Der Baum ist ein Bild, ein lebendiges Mandala.

Wir sehen immer nur einen Teilausschnitt, wir sehen nicht das Ganze, weil wir nicht aus dem Ganzen heraus leben, sondern meistens nur einzelne Ziele verfolgen. Der Speer hat uns verführt. Der tötende Speer, die Macht und die Gewalt des Speers.

Die systematische Struktur eines Mandalas oder einer Blume des Lebens sind vielleicht nur eine Art Hilfsmittel, um den lebendigen Kreis eines Baumes zu empfinden. Das geometrische Muster ist zweidimensional. Wir leben jedoch in einem dreidimensionalen Raum und, weiter gedacht, sogar in einem multidimensionalen Raum.

Das Mandala ist schön einfach und übersichtlich. Es ist allerdings nur ein Modell.

Der lebende Baum, die lebendige Eiche, unter der ich stehe, hat kein so systematisches Bild produziert. Der Wind, das Wetter, die Jahre und die Jahreszeiten haben es geformt.

Das Schöne ist das Unvollkommene.

Technische Perfektion ist eine tote Idee von Schönheit. Sie kann und wird niemals unser Herz berühren.

6. Die Idee einer lokalen Naturverbundenheit

Damit gar nicht erst Missverständnisse aufkommen: Mir geht es vorrangig um psychologische und spirituelle Aspekte.

Meine Perspektive, wie ich das Problem von Heimat und Deutschland betrachte, ist die folgende. Ich studiere seit Jahrzehnten die tibetische Kultur und fühle mich mit ihr verbunden. China hält Tibet seit 1950 besetzt, unterdrückt und verdrängt die tibetische Kultur, vor allem den tibetischen Buddhismus. Dieser passt auch überhaupt nicht zu Chinas aggressiver Expansionspolitik, die der Westen aus wirtschaftlichen Gründen unterstützt. Die Situation der Tibeter, also der einheimischen Bevölkerung, interessiert den Westen nicht, weder der Genozid noch der kulturelle Völkermord, auch nicht die allmähliche Verdrängung durch immer mehr Chinesen, die in Tibet leben. Die Tibeter sind schon lange nicht mehr die „Herren" im eigenen Land, sondern die Chinesen. Hinzu kommt, dass durch den Klimawandel und das Abschmelzen der Gletscher die Kultur der Nomaden zerstört wird, bzw. längst zerstört ist. Tibet ist kein Land des Friedens und der Spiritualität, wie es sich der Dalai Lama gewünscht hatte, sondern eben ein Tourismuspark, ein Rohstofflager und eine Militärbasis für China auf dem Dach der Welt. Viele Tibeter leiden darunter. Manche verbrennen sich aus Protest selbst. Aber die Welt schaut weg! Wie kann die tibetische Kultur bewahrt werden? Das fragen sich nur Freunde Tibets und des tibetischen Buddhismus. Den meisten ist es egal, dass die kapitalistische Maschine alles platt macht, was ihr im Wege steht.

Als Anhänger des tibetischen Buddhismus ist mir die Bewahrung der tibetischen Kultur eine Herzensangelegenheit!

Deutschland ist wie Tibet ein von fremder Macht dominiertes Land. Es könnte ein Land der „Dichter und Denker" sein, ein Land der Maler und Musiker, könnte man ergänzen. Meine Perspektive ist auch die der deutschen Romantik, als Deutschland von Napoleons Großmacht beherrscht worden war. Heute ist es eine andere Großmacht und die wahrhaft Mächtigen sitzen im Verborgenen.

An einer alten Kultstätte kann man sich fragen, was aus der „romantischen" Idee von Deutschland geworden ist. Sie scheint mir keinen Wert mehr zu haben.

Das Multikulturelle scheint der Maßstab zu sein. Im Prinzip ist es sicher gut, dass es viele verschiedene Kulturen gibt. Man sollte auch unbedingt andere Kulturen studieren, kennen und von ihnen etwas lernen. Aber müssen sie alle in einem Land oder in einer Stadt vorhanden sein? Führt es nicht am Ende zur Beliebigkeit und dazu, dass es eine starke, eigene Identität nicht mehr gibt? Und weiter dazu, dass sich eine eigene Identität in Zukunft nicht mehr ausbilden und entwickeln kann? Vielleicht auch gar nicht mehr soll?

Die Entwicklung einer eigenen Identität ist sowohl für ein Individuum als auch für eine Gemeinschaft ein wichtiges Merkmal einer gesunden Seele.

Wir haben in Deutschland im Grunde keine eigene, starke Identität mehr. Den meisten sind die Heimat, die deutsche Erde, die deutsche Landschaft, die alten Kultstätten etc. ziemlich egal. Sie leben in der multikulturellen Stadt und finden das gut. Sie vermissen keine eigene Identität, die mit der Landschaft, der Sprache oder mit den Menschen der eigenen Gegend verbunden ist. Sie sind so etwas wie New Yorker, auch wenn sie in Berlin oder in Hamburg wohnen.

Vor zweihundertfünfzig Jahren suchte man nach einer deutschen Identität und einem richtigen „Vaterland". Ich würde es ja eher „Mutterland" nennen, das nur nebenbei. Es gibt auch den Ausdruck „Muttersprache". Diese Identität zerstören wir heute selbst, indem wir willig und unterwürfig lauter amerikanische Vokabeln benutzen. Damals, vor allem zur Zeit der Romantik durch die Gebrüder Grimm, sah es anders aus. Man besann sich auf das Eigene und wollte es kultivieren und entwickeln, stärken und aufbauen. Diese Entwicklung zog sich weiter durchs neunzehnte Jahrhundert bis ins zwanzigste hinein. Nach dem Zweiten Weltkrieg brach diese Entwicklung ab.

Eine eigene Spiritualität – und darauf lege ich wegen der spirituellen Selbstbestimmung großen Wert – haben wir seit den Zeiten von Karl dem Großen, der den Norden Deutschlands (Sachsen) brutal erobert hatte, nicht entwickeln können, trotz der Tatsache, dass manche Autoren vielleicht typisch deutsch sind; nennen wir als Beispiele Martin Luther oder Jacob Böhme. Aber wir haben uns von den jüdisch-christlichen Deutungen, z.B. der Schöpfungsgeschichte, nie emanzipieren können. Seltsamerweise begreifen viele diese als ihre eigene Tradition, obgleich es eine aufoktroyierte, fremde Tradition ist. Nur durch permanente Indoktrination wurde das über viele Generationen weitergetragen. Dennoch wurde sie, bei aller typisch deutschen Ausprägung des Christentums, nicht wirklich zu unserer eigenen Identität – und sie kann es nie werden, weil sie unserer Volksseele in der Tiefendimension nicht völlig entspricht.

Man kann sich fragen, was die eigene Volksseele ist und was diese eigentlich wünscht.

Jede Seele wünscht sich die Entfaltung des Eigenen. Das gilt insbesondere für den Bereich der Spiritualität.

Eine multikulturelle Kultur ist oft nur Chaos und Unordnung. Will das die Volksseele? Oder will ein einzelnes Individuum das? Ich glaube nicht. Man meint es vielleicht, weil es einem dauernd als wunderbar hingestellt wird, aber das ist eben Propaganda. Man muss die Propaganda zur Seite schieben um zu erkennen, was man eigentlich will.

Nehmen wir ein anderes Land, auf der anderen Seite der Erde: Japan. Will nicht auch Japan einfach nur das sein und bleiben, was es ist? Will nicht Japan seine spezifische Kultur bewahren, pflegen und weiterentwickeln? Und ist das nicht gut und sinnvoll? Ich denke schon.

Oder nehmen wir einen indianischen Stamm, die Sioux zum Beispiel. Wollen sie nicht einfach nur ihren Stamm und ihre Kultur leben, und nicht weiter von den Amerikanern direkt oder indirekt unterdrückt werden? Sie sind frei? Nein, sie sind es nicht. Gebiete, die ihnen vertraglich zugesichert worden waren, werden ihnen nicht übergeben, bis heute nicht. Kann sich ihre Kultur heute in ihrem Sinne entwickeln? Es ist sicher gut, dass sie ihre ureigene Spiritualität leben können, nachdem diese Jahrzehnte lang verboten gewesen war. Aber im amerikanischen Umfeld hat Naturspiritualität einfach keinen Stellenwert, ist und bleibt eine „minority religion", die von vielen bibeltreuen Amerikaner mehr oder weniger verachtet wird.

Der Durchschnittsamerikaner ist vom jüdischen Motto „Macht euch die Erde untertan!" (Mose 1,28) geprägt. Er nimmt das wortwörtlich und begreift sich als bibeltreu. Das ist genau das Gegenteil des Naturmenschen, des naturverbundenen Menschen, der sich keine Erde untertan machen will, der keine Erde ausbeuten will, sondern der eine Gemeinschaft und innere Verbundenheit mit der Erde sucht und leben will. Können das die Sioux leben? Kann das irgendein Naturvolk auf der Erde wirklich leben, egal ob in Nordamerika, Südamerika oder Sibirien?

Manche meinen, man könne den Satz aus der Bibel (Mose 1,28) mit dem Prinzip der Nachhaltigkeit oder der Naturliebe verbinden. Es steht aber so nicht da, sondern der Mensch als Herrscher, als Machtmensch steht nun einmal im Zentrum. Der anthropozentrische Standpunkt ist aus der Sicht des Naturmenschen als falsch zu bezeichnen, denn für den Naturmenschen steht immer die ganze Natur, der ganze Kreislauf des Lebens, die ganze Erde im Mittelpunkt. Der Mensch ist nur ein Teil davon.

Der Mensch ist Teil seiner heimatlichen Gegend.

Mit hundert prozentiger Sicherheit können wir nicht mehr herausfinden, was die Menschen vor der Christianisierung gelebt und praktiziert haben. Ich denke aber, dass sie viel mehr naturverbunden waren als die heutigen Menschen, dass sie sich genau wie die indianischen Völker viel mehr mit ihrer Gegend, ihrer Heimat, ihrer Sprache, ihrer Landschaft, ihrer Herkunft identifiziert haben, als dass die heutigen Menschen tun. Sie waren in ihrer Gegend verwurzelt, z.B. mit dem Land an der Küste oder mit der Heide. Sie waren in der Tat „heidnisch". Sie waren mit den Flüssen, den Hügeln, den Bergen, dem Erdboden, den Tieren, den Bäumen etc. zutiefst verbunden. Manche heimatverbundenen Menschen sind es auch heute noch, obgleich ihre Heimat permanent durch neue Autobahnen, gigantische Windparks, riesige Einkaufszentren zerstört wird – und all das immer für den „Mammon", dem eigentlichen Gott der angeblich ach so christlichen Kultur.

Mit „Heimat" meine ich nicht nur eine spezifische Gegend, in der man lebt und mit der man sich identifiziert, sondern auch die Mentalität, die Sprache und die Spiritualität einer Region. Pflanzen und Tiere werden von einer Region geprägt. Das kann nicht anders sein. Beim Menschen ist es ähnlich. Bergvölker sind anders als Küstenvölker.

Sensitive Menschen spüren und wissen, dass jede Gegend eine etwas anders gefärbte Spiritualität zur Entfaltung kommen lässt.

Man kann es bewusst wahrnehmen und entwickeln. Unbewusst wirkt es auf jeden Fall. Das lässt sich gar nicht vermeiden, auch wenn man es zu unterdrücken versucht.

Einerseits hat das Christentum mit einer allgemeinen Lehre spezifische Ausprägungen zu unterdrücken versucht. Überall sollte der gleiche Glaube herrschen, mit der Betonung auf „herrschen". Andererseits hat sich dann doch überall eine spezifische Ausprägung des Christentums entwickelt. Die Menschen sind nun einmal so unterschiedlich wie die Gegenden, in denen sie wohnen und leben. Besser ist es wohl, gleich darauf einzugehen.

Der Buddhismus, die große Weltreligion Asiens, ist mehr den Weg der Anpassung gegangen. Man hat sich den besonderen Gegebenheiten der Menschen und der Landschaft angepasst und auf diese Weise recht unterschiedliche Formen des Buddhismus in Asien entwickelt. Ich halte diesen Weg für vernünftiger. Insgesamt hat der Buddhismus auch mehr auf Vernunft und Einsicht gesetzt als das Christentum, das mehr durchs Schwert ausgebreitet worden ist.

Heute ist es so, dass es für die meisten Menschen atavistisch und absurd ist, von einer Naturreligion zu reden und diese dann auch noch leben zu wollen. Der ökonomisch ausgerichtete Wirtschaftsmensch will auf nichts Rücksicht nehmen müssen. Ihm sind bereits soziale Aspekte zuwider. Er will immer nur Geld, Geld und nochmals Geld.

Er ist primitiv und süchtig. Seine eigene Sucht und Primitivität projiziert er auf den Naturmenschen, den er meint vernichten zu müssen.

Dabei denkt und handelt der Naturmensch immer ganzheitlich in Verbundenheit mit seiner Gegend, in der er lebt.

Im neunzehnten Jahrhundert war die Vernichtung der Naturmenschen die politische Doktrin. Im Grunde hat sich daran aber nicht viel geändert. Wenn ich meiner Samtgemeinde mitteilen würde, dass es sich bei einem bestimmten Baum um einen heiligen Baum handeln würde, der niemals gefällt werden dürfe, dann würde man mich als „esoterischen Spinner" abtun. Auf Spinner muss man keine Rücksicht nehmen. Aber auf alte, große Bäume sollte man vielleicht doch Rücksicht nehmen, und sei es allein aus ökologischen Gründen. Das wird leider kaum getan.

Naturspiritualität lebt nicht mit der Natur im Allgemeinen, sondern mit der Natur einer bestimmten Gegend. Damit sind eher kleine Räume gemeint, die vielleicht einen Durchmesser von 15 Kilometern haben. Der Elm, der von meinem Wohnort nur ca.10 Kilometer entfernt, ist bereits eine etwas andere Region als das alte Urstromtal, in dem ich wohne. Die Heide oder der Harz, die sich weiter als 30 Kilometer entfernt befinden, sind bereits deutlich andere Regionen.

Als es noch keine Autos und keine Eisenbahnen gab, lebten die Menschen in einem überschaubaren Gebiet. Das war ihr Zuhause, dort waren sie verwurzelt. Heutzutage leben viele Menschen überall und nirgends. Ständig rasen oder jetten sie umher. So kann keine Ruhe und eben vor allem keine Verwurzelung stattfinden. Wenn beides nicht vorhanden ist, kann sich auch keine Seelentiefe ausbilden. Ohne Seelentiefe bleibt alles beliebig und oberflächlich.

Wer in der Natur wirklich zuhause sein will, wer die eigene Gegend wirklich schützen und bewahren will, der muss in ihr verwurzelt sein und benötigt dafür eine gewisse Seelentiefe, also eine tiefere, innere Verbundenheit mit der Landschaft, in der er täglich lebt.

Global kann man denken, aber wirklich leben und konkret, praktisch handeln, kann man nur lokal. Auch Naturspiritualität kann man nur lokal praktizieren.

Owoo, Vision Hill

Die Steinpyramide (Owoo) auf dem Vision Hill, also dem Hügel in der Nähe meines Wohnortes, ist einer meiner Kultplätze. Ich kann ihn jeden Tag zu Fuß erreichen. Ich nutze diesen Platz seit mehr als zwanzig Jahren für die spirituelle Praxis.

In der Mongolei und in Tibet werden solche Steinpyramiden auf höher gelegenen Plätzen und Pässen errichtet. Das habe ich auch getan. Auch wenn die Idee aus einer anderen Kultur stammt, so halte ich die Praxis an diesem Ort doch für eine einheimische Form von Spiritualität. Dass sie keine offizielle Anerkennung erfährt, ist mir egal. Wer will, kann dort praktizieren, denn der Platz ist öffentlich leicht zugänglich. Den meisten ist es egal. Manche haben im Laufe der Jahre aufgrund ihres Hasses gegen Andersdenkende oder gegen mich persönlich die Spitze zerstört. Ich habe den Owoo wieder aufgebaut und werde es auch in Zukunft tun.

Die Steinpyramide verbindet die Erde mit dem Himmel, sie ist somit als Symbol eines universellen Friedens und einer Harmonie von unten und oben zu verstehen.

Man hat einen guten Rundblick von der Anhöhe, Richtung Osten (Heeseberg) und Westen (Asse), Richtung Norden (Elm) und Süden (Harz, Brocken).

Wenn man den Owoo umrundet, kann man ein Lied, einen Kehrvers oder ein indisches Mantra singen. Das bleibt jedem überlassen.

Om mani peme hung. (Oh Du Edelstein in der Lotusblüte.)

Heiliger Erdenkreis.

Jeweils mit der Betonung auf der ersten und vierten Silbe. Summen oder singen kann man es endlos, ebenso variieren, sei es den Text oder die Tonhöhe, zweite Zeile, erste Silbe.

Heiliges Himmelszelt.

Heiliger Himmelskreis.

Heilige Erdenwelt.

Heiliger Erdenkreis.

8. Mein spirituelles Heimatland

Die beiden Pole meines „Heimatlandes" sind die Insel Wangerooge und der Brocken. Die kleine und fragile Insel in der Nordsee und der Brocken, der höchste Berg im Harz.

Ich könnte auch von einer größeren Differenz, was die Kilometer betrifft, ausgehen. Dann könnte ich eine Linie bis ins Werdenfelser Land oder bis zum Abteital in Südtirol ziehen. Aber diese Gegenden, obgleich sie mir gut bekannt sind, befinden sich doch mehr außerhalb meines normalen, jährlichen Horizontes.

Ich habe eine ganze Reihe von Gemälden aus den beiden südlichen Gegenden in meinem Haus hängen, so dass ich mit diesen verbunden bin und bleibe.

Während man die nähere Umgebung täglich besuchen kann, ist man an den fernen Orten vielleicht einmal pro Jahr oder noch seltener. Somit sind die Verbundenheiten unterschiedlich intensiv. Andererseits kann eine Gegend, die sehr fern ist, uns doch spirituell gesehen sehr nah sein. Näher sogar, als wenn wir dort leben würden, oder wenn wir den üblichen Urlaub dort machen würden. Das gilt, was mich betrifft, für Tibet. Ich muss dort nicht sein, ich will dort auch nicht sein, weil das alte Tibet längst zerstört worden ist. Man schaue sich im Internet vielleicht einmal die Gemälde von Nicholas Roerich an. (Einfach „Roerich, Gemälde" eingeben.) Mein Tibet ist ein magisches, mystisches Tibet. Das moderne China-Tibet interessiert mich absolut nicht.

Heimatland kann also beides sein: Die ganz konkrete nähere Umgebung, oder die Gegend, mit der man eigentlich nur seelisch und spirituell verbunden ist. Hier also zwei Fotos von den beiden Polen. Die Farbe ist hier nicht wichtig, deshalb sind die Fotos ins Schwarzweiß. Die beiden Pole stehen für zwei spirituelle Orte und Haltungen. Wer sie erfassen möchte, schaue sich bitte die Fotos genau an.

Wangerooge, Nordstrand

Brocken, Gipfel, Südseite

Ein besonders schönes Dorf ist Dötlingen, nördlich von Wildeshausen. In der Nähe des Dorfes befinden sich die Megalithgräber der sogenannten Glaner Braut. Seit vielen Jahren besuche ich diesen Ort. Es kommt mir dabei immer so vor, als würde ich die Gräber meiner Ahnen besuchen.

Die Steine liegen dort so, wie vor mehr als 25 Jahren. Einzelne, kleinere Kiefern wurden mal gefällt, denn der Mensch muss ja immer herumwühlen, überall. Er hat keine Ruhe und Gelassenheit wie die Steine. Er ist nervös und unruhig.

Auf dem Gierenberg in/bei Dötlingen liegt der große Sonnenstein. Den Hügel könnte man als Kultberg verwenden, wenn man einen Kult der Erde hätte. Aber den gibt es gegenwärtig nicht. Christen gehen in die alte Steinkirche im Dorf. Was sonst in Dötlingen praktiziert wird, weiß ich nicht, denn ich bin dort immer nur Besucher.

Obgleich ich dort also nicht wohne, zieht es mich immer mal wieder nach Dötlingen, Wildeshausen und die ganze Gegend des sogenannten „Naturparks". Ich hätte mir gut vorstellen können, in Dötlingen zu leben. Es ist ein besonderes Dorf mit vielen schönen, alten Häusern.

„Das paulinische Wort, dass unsere Heimat im Himmel ist, zielt nicht nur auf das Jenseits. Es erinnert uns daran, dass wir unsere Heimat nicht im Irdischen suchen sollen, sondern in Gott. Auf Erden lebend sollen unsere Herzen im Himmel verankert sein. Wir haben eine Heimat, die uns niemand nehmen kann. Selbst wenn wir aus unserer irdischen Heimat vertrieben werden, kann unsere innere Heimat nicht verloren gehen. …. Wir sollen Gott nicht im Außen suchen. Er ist schon in uns. Dort in uns ist der Himmel, in dem Gott wohnt und in dem wir selbst hier schon auf Erden Heimat finden. Wenn wir in uns den Himmel, die wahre Heimat haben, dann sind wir überall daheim." (Grün, S.137)

Das ist die typische christliche Sichtweise. An sich ist sie nicht falsch, aber ist sie in heutiger Zeit noch hilfreich und sinnvoll? Ich denke nicht. Wir haben zu viel echte Heimat, und damit meine ich eine ganze konkrete, reale, sichtbare, erlebbare Heimat an einem bestimmten Ort, in einer überschaubaren Gegend mit bekannten und vertrauten Menschen verloren, so dass wir Heimat nicht weiter nur im einem allgemeinen Reich des Geistes suchen sollten. Fehlt uns doch mittlerweile zu sehr das Konkrete, das Echte und Ursprüngliche.

Um auf Dötlingen zurückzukommen. Solch ein überschaubarer Ort ist echt und ursprünglich. Neben den alten, malerischen Häusern und den Menschen sind es die großen Steine der Eiszeit, die Eichenbäume, der sandige Geestboden, der Fluss Hunte, die Glaner Braut und die Geister der Natur. Die Ahnen der Glaner Braut sind eine Rückbindung an die Ahnen der Megalithkultur, die uns immer näher sind und bleiben als die Stämme Israels. Das sind nicht unsere Stämme und ihr JHWH ist nicht unser Gott. Ein naturverbundener Wodan, der aus den Eichenwäldern kommt, der aus der Heide und von den Steinen kommt, wird uns emotional gesehen immer näher sein.

Da der Mensch heute so entwurzelt ist, muss er sich neu verwurzeln, um authentisch wachsen und sich entwickeln zu können.

Ein allgemeiner Allerweltsgott und ein allgemeiner Himmel helfen ihm da nicht mehr weiter. Der Himmel der Heide ist ein konkreter und spezifischer, den es bereits in Süddeutschland nicht gibt. Heute hilft uns die Feststellung nicht mehr weiter, dass es überall einen Himmel gibt. Sicher, das wissen wir. Aber es kommt darauf an, die Besonderheit einer Region, einer Gegend, eines überschaubaren Raumes zu würdigen und zu kultivieren. Wir müssen nicht den Regenwald in Brasilien schützen, sondern den Elm und die Asse, denn dort wohnen wir – und eben nicht in Brasilien. (Dass der Regenwald bewahrt werden ist, ist keine Frage. Das gilt aber auch für unsere Wälder, für die wir zunächst einmal verantwortlich sind.)

Die Flucht ins Allgemeine war einmal sinnvoll, als man die Relativität und Vergänglichkeit des Irdischen erfahren hatte. Heute ist sie es nicht mehr. Heute muss man das Universelle neu erfahren, indem man sich dem ganz Konkreten widmet, z.B. den von mir genannten Orten in und bei Dötlingen. Oder, was meinen eigenen Lebensort betrifft, den konkreten Plätzen der näheren Umgebung, die ich täglich zu Fuß erreichen kann.

Harmonie kann man nicht allgemein in die Welt bringen, sondern nur konkret, mit den Menschen der Umgebung und den Geistern der Natur der näheren Umgebung.

Eine neue Verwurzelung ist heutzutage ein neues, progressives Programm, denke ich.

Eine weitere, besondere Gegend in Niedersachsen für die Seele ist die Gegend um den Wilseder Berg. Dort befindet sich das „Heide-Paradies", wenn man es denn so nennen will. Wir wissen natürlich, dass die Heide künstlich erhalten werden muss, durch die Schafe und die Heidschnucken. Sie würde ohne die Tiere in einigen Jahren mit neuem Wald bedeckt sein. Dennoch haben wir, wenn wir diese Region besuchen, das Gefühl einer harmonischen, romantischen, idealen Landschaft.

Wenn man sich nicht gerade dort aufhält, wo die meisten Touristen sind, dann kann man schöne, spirituelle Plätze finden. Man muss danach nicht lange suchen. Ich habe dort jedenfalls einige gefunden. Es liegen dort sogar immer noch zwei kleine Medizinräder von mir.

Mit solch einer Region ist man auf seelischer Ebene für immer verbunden. Das gilt auch für die Insel Wangerooge oder den Bayrischen Wald, den Harz und die Wildeshausener Geest. Wenn ich an alle Orte der Kraft und der Naturspiritualität denke, die ich kenne, dann habe ich mehr als genug. Ich kann nur einen Teil davon oft und regelmäßig besuchen. Die Kehrseite der aufbauenden Kraft, die schöne Orte vermitteln, sind die vielen Zerstörungen. Es ist gut, dass die Naturparks und die Naturschutzgebiete relativ geschützt sind. Bei den Kirchen würde keiner auf die Idee kommen, sie zu missbrauchen oder zu verhunzen, bei den heiligen Orten der Erde ist das kein gesellschaftlicher Konsens, weil die Naturspiritualität keine Anerkennung genießt.

Wenn man dazu bereit wäre, dann könnte man viel von den Indianern oder den Aborigines lernen. Als „norddeutscher Indianer" erfährt man kein Verständnis und keine Anerkennung. Also lebt man alles im Geheimen. Mein Heimatland ist also ein geheimes. (Wie Shangri-La. Siehe in meinem Roman Brocken S.22)

Orte meines spirituellen Heimatlandes:

Bis 500 Meter:

Im Zentrum steht die große Rotbuche in meinem Garten, der sacred tree, mein Yggdrasil-Baum, mein Schamanenbaum. Auf dem Kirchfriedhof und in der näheren Umgebung gibt es weitere markante Bäume, z.B. die Eibe und die Riesenesche.

Bis drei Kilometer:

Meine Kultstätten: Owoo, Sonnenrad, Medizinrad. Mehrere kleine Wäldchen. Eine riesige Pappel, eine Lärchenhüterin, ein magischer Dornenbusch.

Bis 20 Kilometer:

Elm und Asse, Öselberg im Westen und Heeseberg im Osten. Eichen und Buchen in den Wäldern. Kultstätte bei Eilum. Magische Buchen bei Eitzum.

Bis 50 Kilometer:

Zahlreiche Klippen im Harz. Brocken, Hohneklippen, Achtermann. Teufelsmauer, Regenstein. Lübbensteine bei Helmstedt. Pilgerort Marienborn.

Bis 300 Kilometer:

Heiliger Hain bei Wahrenholz. Siebensteinhäuser. Wilseder Berg und Umgebung. Wildeshausen und Umgebung. Dötlingen. Wilhemshaven und Jever, dort der Schlosshügel direkt neben meinem Geburtsort. Wangerooge und Spiekeroog. Geniusstrand, zerstört.

Über 300 Kilometer:

Marienorte in Unterfranken. Fränkische Schweiz. Staffelberg und Walberla. Bayrischer Wald, Lohberg und Waldhäuser. Werdenfelser Land. Isartal bei Wallgau. Abteital in Südtirol. Meran, Schenna und Umgebung.

9. Bäume und Heimat

Ein zentrales, wesentliches Element von Heimat sind für mich die Bäume. Was wären wir ohne die großen, alten Bäume? Sie waren vor uns da, sie werden nach uns da sein – und weiter wachsen.

Sie vermitteln uns die Urkraft des Lebens, des Wachsens und der Entfaltung. Sie sind nicht nur ein Symbol, sondern sie sind das Leben schlechthin. Sie verbinden die Erde, auf der wir selbst hin und her laufen, mit dem Himmel, den wir Menschen (ohne Hilfsmittel) immer nur von unten betrachten können.

Für die Schamanen überall auf der Erde und in ihrem naturbeseelten (animistischen) Weltbild ist der Baum das zentrale Symbol. Der Antipode des Schamanen ist der primitive Holzfäller, der ein Zerstörer des Lebens ist. (Oder der böse Nachbar, der auch nur mit der Kettensäge hantieren kann.) Der heilige Baum, der *sacred tree* bei den Indianern, steht für eine gänzlich andere Lebenseinstellung und Lebensform (=Religion), die im allmächtigen Materialismus der Gegenwart keinen Platz und keinen Wert hat.

Der Baum ist nie abstrakt und allgemein, er ist immer konkret. Man kann ihn sehen, berühren, umarmen, unter ihm beten oder singen, trommeln oder einfach nur still sitzen. Der Baum ist immer ein bestimmter Baum, eine Kastanie, eine Rotbuche, eine Esche, eine Eiche etc. Der Baum lebt, wenn man ihn in Ruhe lässt, Jahrhunderte und entwickelt im Laufe der vielen Jahre und Jahreszeiten seine spezifische Persönlichkeit.

Wenn wir das Glück haben, an einem besonderen Ort leben zu dürfen, dann können wir mit großen, alten Bäumen leben. Im Zentrum meines Gartens steht eine große Rotbuche, vorm Haus eine alte Kastanie. Auf dem Friedhof gegenüber meines Hauses steht eine weitere große, alte Kastanie. Am nordwestlichen Rande des Dorfes eine große Esche. Das sind vier besondere Bäume.

Rotbuche in meinem Garten

In der germanische Naturspiritualität steht **Yggdrasil** im Mittelpunkt, der Weltenbaum, der alle Dimensionen des Daseins umfasst. Ob es sich nun um eine Esche oder um eine Eibe handelt, soll hier nicht interessieren. Wichtig ist, dass man Aspekte, Ebenen und Dimensionen der Welt in ein umfassendes Bild integriert. In einem ganzheitlichen System muss letztendlich alles seinen Platz finden.

Wie ich oben gesagt habe, setzte ich die NATUR mit der GÖTTIN gleich. Es gibt nur ein vielfältiges und vielschichtiges Hier, eine komplexe Realität, zu der auch Träume, Visionen, Ideen und Strukturen gehören. Das Materielle und das Immaterielle bilden zusammen eine umfassende Realität, ein komplexes So-Sein. So ist es schlicht und einfach. Zu diskutieren gibt es nichts, zu glauben auch nicht. Natur ist und bleibt Natur. Wer sie nicht als Göttin sehen will, auch gut. Man muss es nicht. Aber die Natur will immer als Natur anerkannt und respektiert werden. Wer das nicht will, soll sich einen anderen Planeten suchen, vielleicht den Mars.

Das germanische naturspirituelle Weltenbaumsystem hat universelle Gültigkeit. Einzelne Aspekte kann man anders sehen und beschreiben. Auch Ergänzungen sind möglich und denkbar. Aber immer werden Himmel und Erde, oben und unten, Leben und Tod, Spirituelles und Materielles, die Welt der Menschen und andere Dimensionen die zentralen Koordinaten bleiben.

Mond   Adler   **Sonne**
(höchste Prinzip des Geistes)

OBERWELT

<u>Dimension des Himmels</u>, Reich der Götter: Odin. Frigg, Freya, Thor etc. Walhalla als Halle der Erleuchtung
<u>Reich der guten Geister</u>, der Elfen
Ratatosk und viele andere Tiere können als Geisthelfer und Botschafter fungieren.

MITTELWELT

mittlere Welt der Menschen, alltägliche Realität, materielle Welt umgeben vom Ozean und der Schlange des Wandels
Bäume symbolisieren den Wandel der Zeit

UNTERWELT

<u>Reich des Feuers</u>, der Feuerriesen, der Vulkane der ewigen Flamme
<u>Reich des Eises</u>, Frostes und Nebels, des Eisdrachens, Quelle des wirbelnden Wassers
<u>Reich der Berge</u>, Flüsse, Riesen und des Weisheitsbrunnens
<u>Reich der dunklen Geister</u>, der Zwerge, der Dämonen
Nornen: die drei Schicksalgöttinnen: Urd, Werdandi, Skuld, Urdbrunnen, Quelle des Lebens

TOTENWELT

<u>Reich der Toten</u>, der verlorenen Seelen, die Totenhalle
Reich der Göttin Hel

10. Die Große Mutter und die Heimat der Seele

Viele kennen den Roman von Hermann Hesse, Narziss und Goldmund. Viele meinen ihn verstanden zu haben. Aber haben sie das wirklich? Wenn man von dem Titel ausgeht, dann könnte man meinen, es ginge hauptsächlich um die beiden zentralen Figuren und ihre unterschiedlichen Lebenskonzepte: Narziss, der Mensch des Geistes, und Goldmund, der Mensch der Sinnlichkeit.

Hinter diesem Gegensatz versteckt sich aus meiner Sicht ein ganz anderes Thema, das man nicht erkennen kann, wenn man das psychologische und das spirituelle Problem nicht kennt: Seelenverlust und eine ganzheitliche Spiritualität der Großen Mutter. Die Hauptfigur Goldmund leidet unter einem Verlust der Seele, den er ausgleichen muss. Er findet ihn schlussendlich in einer naturverbundenen, mutterorientierten Form von Spiritualität. (Nicht „matriarchal", denn das ist ein Begriff, der in Machtkategorien denkt und die sind hier unangemessen, geht es doch um das Gegenteil, Hingabe und Auflösung.)

Regression, also eine Rückkehr zu einem früheren Zustand der Entwicklung, halte ich für ausgesprochen falsch, denn es geht um eine Entwicklung, um eine Erweiterung des Bewusstseins, also eben nicht um ein Zurück zu einer frühkindlichen Stufe. Wenn man natürlich nichts von Entwicklung und Erweiterung versteht, kann man leicht mit dieser Fehldeutung kommen.

Es geht in Hesses Roman auch nicht um ein pubertäres Problem, womit manche gerne kommen, weil sie als Erwachsener selbst keine Entwicklungen mehr durchmachen, sondern 50 Jahre und mehr immer dasselbe denken und sagen. Dann kann man logischerweise Hesse nicht verstehen.

Rationalisten, wie sie unter Deutschlehrern meist anzutreffen sind und die dann oft bei der Aufklärung geistig stehen geblieben sind, können Hesses poetisch-spirituelles Weltbild nicht nachvollziehen, weil es für sie nicht präzis und exakt zu definieren ist. Aber das ist gerade der entscheidende Punkt. Dieses Weltbild kann und soll auch gar nicht präzis und exakt definiert werden. Es will ja darüber hinausgehen.

Soweit ein paar Vorbemerkungen. Es folgt meine Deutung der mutterorientierten Spiritualität in „Narziss und Goldmund".

Seelenverlust

Wenn man sein eigentliches Selbst, sein wahres Wesen nicht leben kann, weil man durch ein einschneidendes Erlebnis daran gehindert worden ist und vielleicht weiter daran gehindert wird, dann leidet man unter einem Seelenverlust.

Goldmund (= der Sinnenmensch) meint zwar, er sei zu einem rein geistigen Leben bestimmt, aber das entspricht ihm nicht wirklich und wurde ihm von seinem Vater (= dem Verstand) aufgezwungen. Das rein geistige Leben als Mönch in einem Kloster ist nicht seine Bestimmung. Seine Seele sehnt sich nach einem anderen Dasein.

Es geht bei Hermann Hesse nicht nur um ein individuelles Problem oder gar nur um Hesse persönlich, sondern um ein Problem des Menschen. Der Mensch läuft seit langer Zeit einem falschen Ideal hinterher. Er meint, er müsse immer geistiger, vernünftiger, kontrollierter, rationaler etc. werden. Dabei ist er, wenn wir die Geschichte und die Kulturen betrachten, eher immer süchtiger und verrückter geworden. Das ist der tatsächliche Irrweg. Der andere Irrweg ist der in Richtung der Vergeistigung, also weg von der Erde und hin zum Automaten. Am besten funktioniert der Automat. Viele Menschen möchten ein Automat mit möglichst vielen Lustgefühlen sein. Das ist ein krankes Menschenmodell, denke ich. In der modernen Wirtschaft sollen Menschen wie Automaten reibungslos funktionieren und dabei permanent Spaß haben. Sie bilden es sich ein und belügen ihre Seele, die etwas ganz anderes möchte.

Ein rein geistiges Leben ist ebenfalls ein krankes Menschenmodell. Immer wieder sind Menschen davon infiziert worden, durch direkte oder subtile Indoktrination. Immer wieder streben Menschen das an. Sie träumen einen seltsamen Traum. Sie möchten eine Art integrierter Schaltung werden, die man dann auf einen neuen Körper übertragen kann und sie auf diese Weise ewig leben können. Man will Verfall und Vergänglichkeit, also die Natur, überwinden, weil die Angst vor dem

Verlust und dem Tod den Menschen in den Knochen sitzt. Eine übergroße Angst vertreibt die Seele und man mutiert zu einem guten Automaten. Man ist vernünftig und denkt rational. Man bildet sich ein, die Welt wäre jetzt in Ordnung. Dabei ist sie seelenlos geworden. Man hat viel Spaß, in endlosen Variationen, aber man ist nie wirklich erfüllt, man ist nie wirklich zuhause und nirgends richtig angekommen. Die Seele leidet und sie sehnt sich nach der wirklichen Heimat auf und mit der Erde.

Wie gesagt, es geht nicht um ein individuelles Problem. Es geht um ein grundlegendes, kollektives Problem des Menschen, der auf der Erde nicht zuhause ist. Manche meinen ja sogar, wir kämen aus dem Kosmos. So weit kann falsches Denken führen, wenn man auf der Erde keine Heimat hat, wenn die Seele keine Heimat spüren und leben kann, weil der Automatenmensch ja funktionieren muss, damit die Große Maschine läuft. All den Wirtschaftsleuten und all ihren Handlangern, den Politikern, den Machtmenschen, geht es nur darum, um die Große Maschine, die alles auffrisst, um immer mehr Geld zu produzieren. Eine seelenlose Monsterkultur, für die der Mensch nur Material ist.

Der Seelenmensch ist ein Kind der Erde. „Eure Heimat ist die Erde, unsere die Idee." So fasst es Narziss in einem Gespräch mit Goldmund zusammen. (Vgl. Seite 51 der Ausgabe Suhrkamp Basisbibliothek. Um meine Deutung nachvollziehen zu können, sollten längere Passagen gelesen werden.)

„Wir sind ein Teil der Erde, und sie ist ein Teil von uns." Chief Seattle. Das nur zur Erinnerung. Ob und inwieweit Hermann Hesse davon beeinflusst worden ist, weiß ich nicht. Das ist auch nicht der entscheidende Punkt. Er steht zumindest in der Tradition der deutschen Romantik und die hat sich als sehr natur- und erdverbunden verstanden. Sie hat sich außerdem vehement gegen die absolute Dominanz des Verstandes, wie sie von der Aufklärung vertreten worden ist, gewehrt. Der Gegensatz besteht bis heute, weil die Menschen des Verstandes, der Rationalität dem Bereich der Sensibilität, der Gefühle, der Instinkte und der Intuition, der Stimmungen und der Sehnsüchte einfach nicht den gleichen Stellenwert zuerkennen können. Während meiner ganzen Berufszeit hatte ich vor allem mit Rationalisten zu tun, für die Gefühle eben nur subjektiv waren. Sie wollten aber eine angeblich objektive Wahrheit, exakt und präzise, keine vagen, unbestimmten Gefühle. Für sie war und ist bei Hölderlin und Novalis alles nur vage und unbestimmt. Da Hermann Hesse in dieser Tradition steht, wird er von ihnen bis heute abgelehnt. Und alles, was in irgendeiner Weise „naturmystisch" ist, wird ebenfalls abgelehnt.

Die Kirchen lehnen es ohnehin ab, geißeln es als „heidnisch" oder „pantheistisch". Sie glauben an ihren abstrakten Schöpfergott, der sich außerhalb der Welt, außerhalb der Erde befindet. Eine in der Welt und auf der Erde wirkende „Göttin des Lebens" hat in ihrem System keinen Wert. In einem auf einen „Vater" fixierten Weltbild gilt das als zu weiblich.

Indirekt ist Hermann Hesses Roman eine Auseinandersetzung und letztendlich eine Ablehnung des jüdisch-christlichen Gottes, der nur im Himmel ist, und ein Plädoyer für eine Göttin der Erde, für die Große Mutter. Aber schauen wir uns die Entwicklung in dem Roman an.

Der Ruf der Mutter

Goldmund hat seine leibliche Mutter vergessen und verdrängt. Durch ein Gespräch mit Narziss meldet sich diese verlorene Seite seiner Person wieder. Sie kommt zu ihm zurück, ruft ihn in ihre Welt der Vielfalt, der Sinne und der Sinnlichkeit.

Die Mutter, sowohl die leibliche als auch die spirituelle, sowohl die reale Mutter als auch das komplex-kreative Prinzip des Lebens, war verboten, war das Verbotene schlechthin.

„Die Mutter war etwas, wovon man nicht sprechen durfte, man schämte sich ihrer. Eine Tänzerin war sie gewesen, ein schönes wildes Weib von vornehmer, aber unguter und heidnischer Herkunft; Goldmunds Vater hatte sie, so erzählte er, aus Armut und Schande aufgelesen; er hatte sie, da er nicht wusste, ob sie nicht Heidin sei, taufen und in der Religion unterweisen lassen; er hatte sie geheiratet und zu einer angesehenen Frau gemacht. Sie aber, nach einigen Jahren der Zahmheit und des geordneten Lebens, hatte sich ihrer alten Künste und Übungen wieder erinnert, hatte Ärgernis erregt und Männer verführt, war Tage und Wochen von Hause weggeblieben, war in den Ruf einer Hexe gekommen und schließlich, nachdem ihr Mann sie mehrmals wieder eingeholt und zu sich genommen hatte, für immer verschwunden. Ihr Ruf war noch eine Weile vernehmbar geblieben, ein böser Ruf, flackernd wie ein Kometenschweif, und war dann erloschen." (S.62)

Der Ruf der Mutter, also in diesem Fall das negative Urteil, ist die Ablehnung der anders lebenden Frau, die Ablehnung ihres unzivilisierten, antibürgerlichen Seins. Der Versuch des Vaters, sie als sein Eigentum zu domestizieren, war gescheitert.

Der Ruf, von dem Goldmund erreicht wird, ist die Botschaft eines anderen, wilden, elementaren und ursprünglichen Lebens außerhalb eines rigiden und reglementierten Daseins innerhalb der Gefängnismauern des Klosters.

„Und nun war dieses Bild, der Stern seiner frühesten Jahre, wieder aufgestiegen.

„Es ist unbegreiflich, wie ich das hatte vergessen können", sagte er zu seinem Freunde. „Nie in meinem Leben habe ich jemanden so geliebt wie meine Mutter, so unbedingt und glühend, nie habe ich jemanden so verehrt, so bewundert, sie war Sonne und Mond für mich. Weiß Gott, wie es möglich war, dies strahlende Bild in meiner Seele zu verdunkeln und allmählich diese böse, bleiche, gestaltlose Hexe aus ihr zu machen, die sie für den Vater und für mich seit vielen Jahren war."" (S.63)

Der Gott der Patriarchen weiß es natürlich, lehnt er doch das Weibliche und die wilde Natur ab. Ein Kind liebt die Natur und das Leben, denn es hat eine lebensbejahende Religion. Die wird ihm erst später aufgezwungen. Es ist nicht natürlich einen weltfernen Gott zu verehren, sondern Sonne und Mond. Wenn etwas aufgezwungen werden muss, dann wird immer das Eigentliche, das Ursprüngliche, das Natürliche verdrängt und schlecht gemacht. Das ist ein perfides Manipulationsmuster, das leider immer noch angewendet wird. Somit werden Seelen immer noch missbraucht und geschädigt, wenn das „strahlende Bild" nicht geachtet und gefördert wird.

„Die Mutter war wieder zu ihm gekommen, die lang Verlorene; das war ein hohes Glück. Aber wohin führte ihr lockender Ruf? Ins Ungewisse, in Verstrickung, in Not, vielleicht in den Tod. Ins Stille, Sanfte, Gesicherte, in Mönchszelle und lebenslängliche Klostergemeinschaft führte sie nicht, <u>ihr Ruf hatte nichts gemein mit jenen väterlichen Geboten, die er so lange mit seinen eigenen Wünschen verwechselt hatte</u>. Aus diesem Gefühl, das oft stark, bang und brennend war wie ein heftiges Körpergefühl, nährte sich Goldmunds Frömmigkeit. <u>Im Wiederholen langer Gebete an die heilige Mutter Gottes ließ er den Überschwall des Gefühls, das ihn zur eigenen Mutter zog, von sich strömen</u>. Häufig endeten seine Gebete doch wieder mit jenen merkwürdigen, herrlichen Träumen, die er jetzt so oft erlebte: Träumen bei Tage, bei halbwachen Sinnen, Träumen von ihr, an denen alle Sinne teilhatten. Da umduftete ihn die Mutterwelt, blickte dunkel aus rätselhaften Liebesaugen, rauschte tief wie Meer und Paradies, lallte kosend sinnlose, vielmehr mit Sinn überfüllte Koselaute, schmeckte nach Süßem und nach Salzigem, streifte mit seidigem Haar über dürstende Lippen und Augen. Nicht nur alles Holde war in der Mutter, nicht nur süßer blauer Liebesblick, holdes glückverheißendes Lächeln, kosende Tröstung; in ihr war, irgendwo unter anmutigen Hüllen, auch alles Furchtbare und Dunkle, alle Gier, alle Angst, alle Sünde, aller Jammer, alle Geburt, alles Sterbenmüssen." (S. 65, meine Unterstreichungen)

Für Christen muss der spirituelle Ruf eindeutig sein: das nur Gute, und sonst nichts. Die Gebote des Herrn sind nicht die eigenen Wünsche, es sind nicht die Ziele der Mutter. Goldmund versucht es mit der christlichen Mutter Gottes, aber ein richtiger Weg ist das für ihn nicht, weil diese weibliche Figur zu sehr von der Sinnlichkeit und der erotischen Energie abgeschnitten worden ist.

Die Ambivalenz und Gegensätzlichkeiten der Mutter passen nicht ins westliche Weltbild, aber ins indische Weltbild sehr wohl. Auf der Ebene des westlichen Denkens lassen sich die Gegensätze nicht zusammenbringen. Aber auf der Ebene der Träume. In der Welt der Träume kann alles zusammenkommen. Das bleibt Goldmund an dieser Stelle seiner Entwicklung als Ausweg. Hätte man ihm ein alternatives spirituelles System angeboten, und ihm also nicht das christliche Dogma aufgezwungen, dann hätte er sich einfach dafür entscheiden können. Da er es nicht hatte, musste er sich auf einen langen Weg der Suche begeben. Man kann den ganzen Roman als einen Weg zu einem anderen spirituellen System verstehen.

Träume haben im westlichen Weltbild nicht den Stellenwert wie klare Erkenntnisse oder systematisches Denken. Weil Träume so anders sind, werden sie eher abgelehnt. Wahrheiten kann und will man nicht in ihnen sehen. Eine mathematische Formel, eine chemische Formel etc. sind für den Westen der Maßstab.

„Zuweilen erschienen diese Träume, in denen <u>Mutter, Madonna und Geliebte eins waren</u>, ihm nachher wie entsetzliche Verbrechen und Gotteslästerungen, wie niemals mehr zu sühnende Todsünden; zu anderen Malen fand er in ihnen alle Erlösung, alle Harmonie." (S.66, meine Unterstreichung)

Die Inquisition lässt grüßen, möchte man sagen. Was dem christlichen Weltbild nicht entspricht, wurde und wird verflucht und verdammt. Aber seiner Gefühlswelt tun die Träume gut, denn sie entsprechen den seelischen Bedürfnissen nach Verbundenheit und Verschmelzung mit der Mutter und der ganzen Natur.

Wir mögen die Träume von Goldmund nicht nachvollziehen können. Für besonders interessant halte ich sie auch nicht. Aber jeder kann die paar Seiten selbst lesen, wenn er mag. Mir scheinen da keine großen Ideen drin verborgen zu sein. Aber die Welt der Phantasien und der Träume entspricht mehr der Seele Goldmunds.

„In dieser Traumwelt lebte er mehr als in der wirklichen."

Realisten und Rationalisten können diesen Kernsatz niemals annehmen, denn bei ihnen ist es genau umgekehrt. Aber die Dichter und Träumer lebten schon immer mehr in einer Traumwelt. Es ist eine andere Empfindungsdimension. Die Natur ist beseelt, voller Geister und geheimer Kräfte. Wer das spürt und empfindet, der lebt anders. Er hat eine andere „Gottesvorstellung", eben eine weibliche, eine mütterliche, eine kreative.

Das Wesen der Großen Mutter

Zur Lebenszeit von Hermann Hesse wusste man längst nicht so viel über die Tiefendimensionen der Realität wie heute, 2015. Heute weiß man, dass das Konzept der Dichter und Träumer tatsächlich mehr der eigentlichen Realität entspricht als ein einfaches, übersichtliches, vernünftiges Modell. Alles ist geprägt von komplexen Interdependenzen, von endlosen Variationen und Evolutionsprozessen.

Es gibt nicht einen einmaligen Schöpfungsakt der Welt, sondern wir sind Teilnehmer eines permanenten Prozesses, in welchem immer etwas geschaffen und wieder zerstört wird. Wir können das heute wissenschaftlich beschreiben. Früher hatten die Dichter ihre mythologischen Figuren dafür, sie hatten eine Göttin, die zwei Gesichter hatte, das Schöne und das Schreckliche, das Leben und den Tod. Diese sich ergänzenden Polaritäten finden sich im Werk von Hermann Hesse immer wieder. Sie bilden die große Ganzheit, in der alles integriert werden kann und auch wird, weil es nur eine umfassende Natur gibt. Poetisch gesehen ist das die „Mutter", also der Ursprung, die Quelle aller kreativen Prozessen, die ewig sprudelnde Quelle, aus der alles Leben kommt und in der sich alles Leben wieder auflöst.

Eine starre, ägyptische Ewigkeit (darauf basiert übrigens das christliche Modell) gibt es hier nicht, sondern den endlosen Wandlungsprozess, die endlose Metamorphose. Soweit mir bekannt, kannte Hermann Hesse östliche Mythologien und Philosophien, in denen es ambivalente Götter und Göttinnen gibt. Shiva ist der indische Gott der Kreativität und der Zerstörung. Kali, die Große Mutter der Inder, hat beide Seiten: die gute und die böse, sie gibt das Leben und sie nimmt es wieder.

„Kalis Bedeutung beschränkt sich nicht auf den Todesaspekt. Die Gläubigen sehen sie trotz ihrer schrecklichen Gestalt auch als Beschützerin der Menschen und göttliche Mutter, als Kalima, da ihre zerstörerische Wut sich nicht gegen die Menschen, sondern gegen Dämonen und Ungerechtigkeit richtet. In dieser furchterregenden Manifestation ist die Göttin zuständig für die Auflösung des Universums, die Sichel in der Hand deutet auf die Ernte, auf das Ende des Lebens. Kali ist auch „Kala", die Zeit - und die Zeit vernichtet und verschlingt alles. Die Sichel ist ihren Anhängern aber nicht nur ein Symbol des Todes, sondern kann als Werkzeug der Erlösung verstanden werden: Sie durchschneidet Verwirrung, Unwissenheit und Bindungen und macht dadurch den Weg frei zur Erlösung. Damit gilt Kali auch als Zerstörerin der negativen Kräfte und Illusionen, die den Menschen daran hindern, Heil zu erlangen und den Geist zu befreien, um dem Kreislauf der Wiedergeburten, dem Samsara, zu entkommen.

Als Göttin des Todes ist Kali also auch eine Göttin der Transformation, sie ist die Mutter, die das Leben gibt und sie ist es auch, die es wieder zurücknimmt. Im Shaktismus gilt sie als Manifestation des Höchsten und wird als gnadenreiche Mutter und Erlöserin verehrt." (Wikipedia, unter dem Stichwort „Kali")

Was hier über Kali gesagt wird, entspricht dem Konzept der Mutter von Hermann Hesse. Am Ende seines Romans erscheint sie tatsächlich als „Erlöserin".

Hermann Hesse hat seinem Roman eigentlich einen falschen Titel gegeben. Es geht nicht um ein Entweder-Oder, also entweder man ist ein Geistesmensch (Narziss) oder man ist ein Sinnenmensch (Goldmund). Es geht um die Große Göttin mit den zwei Gesichtern. Es geht um die Große Mutter. Vielleicht musste Hesse sein Anliegen auch (bewusst oder unbewusst?) tarnen, denn Konzepte einer Großen Mutter kommen in einer patriarchalisch-christlichen Gesellschaft nicht an und gelten, mehr oder weniger, als „Ketzerei". Selbst bei wissenschaftlich orientierten Menschen, die, trotz aller Erkenntnisse der Physik, lieber weiter am mechanistischen, monodimensionalen Weltbild mit einfachen Kausalketten festhalten.

Heimat der Seele

Und was hat das nun alles mit Heimat zu tun? Mit der Heimat der Seele? Zuhause ist man dann, wenn man bei seiner Mutter ist. Ich meine jetzt die reale, leibliche. Wenn sie tot ist, hat man kein Zuhause mehr. Wenn man nicht in einem Haus wohnt, in dem sie und ihre Vorfahren gewohnt haben, dann ist es nur ein Haus, in dem man wohnt.

Zuhause ist man, wenn das spirituelle System, die Religion der eigenen Seele entspricht. Wenn sie einem nicht entspricht, wie es bei Goldmund der Fall ist, dann ist man nicht zuhause, dann ist das Kloster kein Ort der Geborgenheit, sondern ein Gefängnis, aus dem man ausbrechen muss, hinaus in die Welt, auf der Suche nach dem geistig-spirituellen Zuhause. Das ist der Lebensweg, den Goldmund gehen muss.

Das Zuhause, die Heimat seiner Seele findet er bei der spirituellen Figur der Großen Mutter, die alles integrieren kann, weil alles aus ihr kommt. Sie grenzt nichts aus, denn sie hat für alles Liebe und Verständnis. Die typische väterliche Beurteilung, wie wir sie oft im Christentum erkennen können, ist die Ablehnung und die Ausgrenzung.

Dichter, die darunter gelitten haben, haben immer Zuflucht bei der Großen Mutter gesucht. Wo hätte ihre Seele sie auch sonst finden können?

Heimat ist deshalb bei der Mutter zu finden, weil dort alles seinen Platz hat, seinen Sinn, seine Bedeutung, seine Achtung und Würdigung erfährt. Reale, leibliche Mütter mögen das repräsentieren, wenn sie gute Mütter sind, aber das sind bei weitem nicht alle. Heute gibt es immer weniger gute Mütter: sie können nicht kochen, nicht heilen und nicht lieben im Sinne einer universellen Annahme des Seienden.

Hölderlins Mutter z.B. war es nicht, denn sie lehnte ihn als Dichter ab, sie hätte lieber einen ordentlichen Pastor als Sohn gehabt. Findet ein Dichter eine richtige Frau im Sinne der Großen Mutter, dann kann er sich glücklich schätzen. Findet ein Dichter nur eine Muse, eine Geliebte, eine „Lebensabschnittsgefährtin", dann bleibt seine Heimat unvollkommen. Findet er nur eine Große Mutter auf der spirituellen Ebene, dann bleibt die Heimat ohne die konkrete, irdische Dimension, also ebenfalls unvollkommen. Wenn man sich das Leben vieler Dichter anschaut, dann muss man schon zu dem Schluss kommen, dass viele Biografien eher tragisch waren.

Der sogenannte „Geist" und der Geist der Natur

Goldmund behauptet, dass Gott die Welt mit kreativen, phantasievollen Buchstaben geschrieben habe. Eigentlich will er die lebendige Kreativität der Großen Mutter zum Ausdruck bringen, aber er ist noch vom christlichen Denken beeinflusst. Er befürchtet, dass Narziss nichts von solchen Buchstaben der Phantasie halte.

„Ich halte viel von ihnen", sagte Narziss traurig. „ Es sind Zauberbuchstaben, <u>man kann alle Dämonen mit ihnen beschwören</u>. Nur freilich zum Betreiben der Wissenschaften sind sie ungeeignet. Der Geist liebt das Feste, Gestaltete, er will sich auf seine Zeichen verlassen können, er liebt das Seiende, nicht das Werdende, das Wirkliche und nicht das Mögliche. Er duldet nicht, daß ein Omega eine Schlange oder ein Vogel werde. <u>In der Natur kann der Geist nicht leben, nur gegen sie, nur als ihr Gegenspiel.</u> Glaubst du mir jetzt, Goldmund, daß du nie ein Gelehrter sein wirst?" (S. 68, meine Unterstreichungen)

Was meint Narziss hier mit den „Dämonen"? Vermutlich steckt dahinter die Ablehnung aller magischen Künste, aller naturmagischen Rituale und Zeremonien. Vielleicht hätte er auch gerne wirksame „Zauberbuchstaben", muss sie aber aufgrund seiner dogmatischen Theologie ablehnen. Magisches Denken wurde und wird in der christlichen und auch in der wissenschaftlichen Tradition abgelehnt. Ein typisches Argument ist die mangelhafte Präzision. Der Geist wird im Gegensatz zur Natur verstanden. Die Natur ist das Andere, wild und unberechenbar, wandelbar und voller Geheimnisse. Wer aber die Natur ausgrenzt, grenzt sich selbst aus. Hat keine Heimat in der Natur und ist somit heimatlos. Der moderne Mensch sieht sich und seinen sogenannten Geist immer noch im Gegensatz zur Natur. Er mag die Kirche und ihre naturfeindliche Theologie ablehnen, aber seine Wissenschaft ist leider oft immer noch naturfeindlich. Heute will er alles digitalisieren, kontrollieren, beherrschen, systematisieren, nutzen und ausbeuten, in seinem Sinne, für sich und nur für sich. Das ist der gleiche gegen die Natur gerichtete Fanatismus wie zu den Zeiten, als die Kirche alles bestimmen konnte und wollte. Ihr Geist war und ist ein Geist gegen die Natur, trotz aller gegenteiliger Behauptungen.

Gott und Natur bilden einen Gegensatz, zwei unterschiedliche Welten, so könnte man die Haltung von Narziss zusammenfassen. Goldmund sucht eine andere Weltanschauung, nämlich eine, in der Natur und das Göttliche eine Einheit bilden. Das ist der Kern der romantischen

Tradition seit Novalis. Das Konzept der Großen Mutter und die Natur lassen sich problemlos verbinden. Ein Gott, der die Schlange verdammt und den Baum der Erkenntnis verbietet, der den Sex nicht mag und die Frauen, das Weibliche, seit Jahrtausenden unterdrückt, passt nicht zu einem Goldmund, der das Wesen und Weben der Natur lieben und verstehen möchte.

Der eigentliche Geist der Natur ist kreativ, voller Phantasie und voller Lust an Entfaltung und Entwicklung. Wie schon oben gesagt, kann die moderne Wissenschaft das inzwischen beschreiben. Fatal ist nur, dass die Fundamentalisten aller Länder doch lieber bei ihren alten Dogmen bleiben. Die Theologie mag ein Humanist wie Schmidt-Salomon lächerlich und dumm finden. Sie ist es und ich stimme ihm zu. (Siehe sein Buch: Keine Macht den Doofen.) Schlimmer ist noch die Dummheit der Politiker und vor allem der Ökonomen, der Superreichen, der Ausbeuter von Menschen und Natur. Dieser Fanatismus verheizt die Erde. (Siehe die aktuelle Titelseite des SPIEGELS, 9/2015. Wachstum ist nur noch Wahnsinn, würde ich sage. Kein Geist, sondern ein Un-Geist!)

Die Erde ist unsere Heimat. Wir haben keine andere. Der Mars ist nur eine spinnerte Idee naturferner Amerikaner. Wenn die Natur und die Erde unsere Heimat sein soll, dann muss der „Geist" der Natur entsprechen.

Der Geist wird in unserer Kultur immer noch zu sehr männlich gedacht, männlich strukturierend und männlich reglementierend. Der Romantiker, und ich meine den philosophisch gebildeten Romantiker wie Novalis, versteht den Geist weiblich gestaltend und empfindend. Das ist ein fundamentaler Unterschied. Nur wenn man dieses kreative Fließen und Gestalten, Werden und Wirken nicht nur gedanklich versteht, sondern eben auch im Innersten empfindet, kann man einen Romantiker wie Hermann Hesse wirklich verstehen.

Die Geistin der MUTTER liebt und gestaltet das Leben.

Man muss es anders formulieren. Die Geistin der Mutter ist lebendig, wandelt sich in und mit der Zeit, liebt die Vielfalt der Formen und der Wesen. Sie ist Kreativität und Phantasie. Ihre Welt ist unendlich reich gestaltet. Die männliche Perspektive kann das nicht richtig verstehen. Gewalttätig hat sie immer dreingeschlagen: Wälder abgeholzt, Wildwuchs vernichtet, angeblich böse Tiere totgespritzt, Biodiversität zerstört und bis heute nichts gelernt. Die patriarchalischen Theologen faseln das gleiche dumme Zeuge wie vor tausenden von Jahren. Die Politiker und die Ökonomen glauben an ihren Gott des Geldes, der eine Erde verheizt, um noch mehr Geld zu haben. Das kann man nur Irrsinn nennen. Aber umdenken? Endlich anders handeln? Fehlanzeige.

Die Geistin der MUTTER ist ein erdverbundener Weg.

Hermann Hesse bewundert eine kleine violette Blume (Den Namen erfahren wir leider nicht; vielleicht eine Wiesen-Glockenblume.). „Welch ein Genuß, welch ein Glück, welch ein entzückendes, edles, sinnvolles Tun wäre es, wenn ein Mensch es vermöchte, eine einzige solche Blume zu erschaffen! Aber keiner vermochte das, kein Held und kein Kaiser, kein Papst und kein Heiliger." (S.105)

Wir können diese Klage leicht abtun und mit der Vernichtung der Wildblumen fortfahren. Den Bauern meiner Gegend ist das auch „scheißegal", sie denken nur die Preise für Getreide und Zuckerrüben. Aber so wird die Vielfalt der Erde zerstört und am Ende zerstören wir uns selbst, bzw. der Parasit im Kopf des Menschen zerstört seinen Wirt. Es ist schon verrückt, dass der ganze Prozess am Ende doch wieder natürlich ist.

Zurück zum Positiven! In der romantischen Weltanschauung möchte man achten und staunen, bewundern und lieben. Die Geistin der Mutter ist die liebende Wertschätzung kleiner Dinge, z.B. einer kleinen violetten Blume!

Die Kunst und die Mutterwelt

In der Kunst sieht Goldmund die Möglichkeit einer umfassenden Selbstfindung und Selbstverwirklichung. In ihr kann er die verschiedenen, oft gegensätzlichen Elemente seines Lebens integrieren.

„...die Kunst war eine Vereinigung von väterlicher und mütterlicher Welt, von Geist und Blut; sie konnte im Sinnlichen beginnen und ins

Abstrakteste führen, oder konnte in einer reinen Ideenwelt ihren Anfang nehmen und im blutigsten Fleisch enden." (S.179)

Goldmund sucht auf seinem Lebens- und Entwicklungsweg die Synthese der Polaritäten, von denen das Leben in diesem Universum und auf dieser Erde geprägt ist. Er findet die Synthese in der Figur der Großen Mutter und in der Kunst, deren Kreativität die Kreativität des Lebens widerzuspiegeln vermag.

„Alle jene Kunstwerke, die wahrhaft erhaben und nicht nur gute Gauklerstückchen, sondern vom ewigen Geheimnis erfüllt waren, zum Beispiel jene Mutter Gottes des Meisters, all jene echten und unzweifelhaften Künstlerwerke hatten dies gefährliche, lächelnde Doppelgesicht, dies Mann-Weibliche, dies Beieinander von Triebhaftem und reiner Geistigkeit. Am meisten aber würde die Eva-Mutter dieses Doppelgesicht einst zeigen, wenn es ihm einst gelänge, sie zu gestalten.

In der Kunst und im Künstlersein lag für Goldmund die Möglichkeit einer Versöhnung seiner tiefsten Gegensätze, oder doch eines herrlichen, immer neuen Gleichnisses für den Zwiespalt seiner Natur." (S.180; meine Unterstreichungen)

Die Kehrseite der Kunst sind die realen Notwendigkeiten. Man braucht eine Werkstatt und Material, um Kunstwerke zu schaffen. Man muss an einem Ort leben, wenigstens für eine gewisse Zeit. Für den Weltenwanderer Goldmund ist das ein hoher Preis. Nach der Fertigstellung einer besonderen Figur, die er Johannes nennt, treibt es ihn wieder zur Wanderschaft. Für Goldmund liegt der Lebenssinn am Ende nicht darin, immer mehr Kunstwerke, bessere, vollkommene Kunstwerke zu schaffen, sondern die Große Mutter zu erfahren. Das ist ein spiritueller Erfahrungsweg, der auch negative Erfahrungen wie Leiden und Tod umfasst. An die Große Mutter muss man nicht glauben, sondern man kann sie nur erfahren.

„Die Kunst war eine schöne Sache, aber sie war keine Göttin und kein Ziel, für ihn nicht; nicht der Kunst hatte er zu folgen, nur dem Ruf der Mutter." (S. 195)

Ich denke, dass man Hermann Hesse unter dem Aspekt einer Erfahrungsspiritualität sehen muss. Goldmund, und auch andere Figuren wie Siddhartha oder der Steppenwolf durchlaufen einen Prozess spiritueller Erfahrungen. Hier geht es nicht um einen fix und fertigen Glauben, der sich immer gleich bleibt, sondern um einen spirituellen Wandlungsprozess. Die Wahrheit ist kein Dogma oder irgendein Gebot, egal um welches es sich handeln mag, sondern die Entfaltung und Entwicklung des Bewusstseins.

Selbstentwicklung ist kein Thema, das auf eine kurze Phase der Pubertät beschränkt ist, sondern für geistig rege und lebendige Menschen ist es ein Lebensthema. Die normalen Bürger haben daran kein Interesse. So muss sie Goldmund, genau wie im Steppenwolf, schelten. „Überhaupt, was wurde hier in dieser fetten vergnügten Stadt nicht Tag für Tag gefressen und vergeudet! Wie faul, wie verwöhnt, wie wählerisch waren diese feisten Bürger, wegen deren jeden Tag so viel Säue und Kälber geschlachtet und so viel arme Fische aus dem Fluß gezogen wurden!" (S.197)

Sein Weg ist nicht der Konsum, sondern der Pilgerweg zur Großen Mutter. Sein Weg ist das Leben als Weltenwanderer, der die Große Göttin erfahren möchte, der ihr Geheimnis entdecken und erleben möchte. Ein einsamer, spiritueller Weg. Alle Figuren von Hermann Hesse sind solche einsamen Weltenwanderer.

Eine trostlose Welt

Auf seiner Wanderschaft kommt Goldmund durch ein von der Pest heimgesuchtes und verwüstetes Land. Eine apokalyptische Welt, in der auch Unschuldige (Juden, Hexen) verbrannt und totgeschlagen werden. Gegenwärtig (2015) können wir uns diese Welten jeden Tag im Fernsehen anschauen. In einem Kloster entdeckt Goldmund ein Wandbild von dem „Totentanz", in den alle hineingezogen werden. Aber das „Sterbenmüssen" wird für Goldmund zu negativ gesehen.

„Da, wo der Tod seine Hand ins Leben streckte, klang es nicht nur so grell und kriegerisch, es klang auch tief und liebevoll, herbstlich und satt, und in der Todesnähe glühte das Lebenslämpchen heller und inniger. Mochte der Tod für andere ein Krieger, ein Richter oder Henker, ein strenger Vater sein – für ihn war der Tod auch eine Mutter und Geliebte, sein Ruf ein Liebeslocken, seine Berührung ein Liebesschauer. (S. 234)

Das klingt vielleicht seltsam positiv für viele, nur wenige werden das teilen können und wollen. Die andere Seite ist die, dass er diese erfahrene Welt und das Konzept eines liebenden Gottes nicht mehr zusammenbringen kann. Am Ende des vierzehnten Kapitels sagt er, dass er an Gott „irr" geworden sei. Der Kontrast zwischen dem schönen Ideal des Guten und der konkreten, bösen Realität ist zu groß geworden. Er kann einen Gott, der angeblich diese Welt geschaffen haben soll, nur anklagen.

„Ich habe Häuser und Gassen voll von Toten liegen sehen, ich habe gesehen, wie die Reichen sich in ihren Häusern verschanzt haben oder geflohen sind und wie die Armen ihre Brüder unbegraben haben liegenlassen, wie sie einer den anderen verdächtigt und die Juden wie Vieh totgeschlagen haben. Ich habe so viele Unschuldige leiden und untergehen sehen und so viele Böse im Wohlleben schwimmen. Hast du uns denn ganz vergessen und verlassen, ist dir deine Schöpfung ganz entleidet, willst du uns alle zugrunde gehen lassen?" (S. 240)

Die von Hesse beschriebene Welt bezieht sich auf das Jahr 1350, in welchem die Pest wütete. Geschrieben hat er seinen Roman 1929, aber das dargestellte Inferno könnte man auch auf den Zweiten Weltkrieg beziehen. Und heute? Heute haben wir ein globales Inferno, wenn wir uns das Elend in vielen Ländern anschauen. Wo ist da Trost? Wo ist da eine heile Welt, eine heile Heimat-Welt? Ist nicht alles, mehr oder weniger gestört, auch hier bei uns? Gibt es noch einen Gott oder eine „Mutter", die uns trösten kann? Ist nicht alles längst hoffnungslos und trostlos geworden?

Kann uns das Konzept einer ambivalenten Mutter, bei der der Tod eine erotische Komponente hat, trösten oder gar erfreuen? Goldmund ist hier am Tiefpunkt seiner spirituellen Wanderschaft angelangt. Am Ende findet er zu einem versöhnlichen Bild der Erdenmutter. Aber man bleibt als Leser doch skeptisch, ob dieses spirituelle Konzept von Mutter, Natur und Erde den Menschen wirklich zu heilen vermag.

Im Grunde kann man nur verzweifeln, wenn man ehrlich ist. Ein Gott, der einem endlosen Massenabschlachten zuschaut, ist kein Gott, sondern nur ein Phantom. Und das Massenabschlachten hat nicht am 8.5.1945 geendet, sondern es dauert bis heute an, wenn man sich die Realitäten mal genau anschaut, und auch an die Milliarden von Tieren denkt. Es ist eine trostlose Welt des Tötens und der Zerstörungen. So eine Welt, so eine Erde kann eigentlich gar keine Heimat sein.

Und selbst wenn wir nur unser eigenes Dorf und die nähere Umgebung betrachten, müssen wir erkennen, dass auch hier Unschuldige und Unschuldiges getötet wird. Den Pflanzen und den Tieren wird ihre Welt gnadenlos zerstört und vernichtet.

Ich dachte mal naiverweise, dass MUTTER ERDE doch ihre Kinder schützen müsste. Aber sie lässt alles zu. Es geschieht alles. Die Zerstörer haben fast überall freie Bahn. Die Ausbeuter der Welt machen, was sie wollen. Die Mitläufer schauen zu und sind beim Totentanz, beim Narrentanz immer schön mit dabei.

„Marie", eine Verliererin

Als Goldmund wieder in der Stadt ist, begegnet er zwei Frautypen, einer edlen, schönen Agnes und einer hinkenden Marie, die sich ein wenig um ihn kümmert. Die erstere erobert er natürlich, wird ihr Geliebter, von der anderen, dem Mädchen, lässt er sich umsorgen. Im Spiel des Lebens um Erfolg und Genuss gehört diese Marie zu den VerliererInnen.

„„Ach, Goldmund, ich möchte wohl, daß ich gesund und schön und stark wäre. Dann müßtest du nicht in der Nacht in fremde Häuser gehen und andere Frauen liebhaben. Dann würdest du wohl auch einmal bei mir bleiben und mit mir ein wenig lieb sein."

Keine Hoffnung klang in ihrer sanften Stimme, und keine Bitterkeit, nur Trauer. Verlegen stand er bei ihr, sie tat ihm so leid, er wußte nichts zu sagen. Mit vorsichtiger Hand faßte er nach ihrem Kopf und streichelte ihr Haar, und sie stand und hielt still, fühlte schauernd seine Hand auf ihrem Haar, weinte ein wenig, richtete sich wieder auf und sagte schüchtern: „Geh nun zu Bett, Goldmund. Ich habe dummes Zeug gesprochen, ich war so schläfrig. Gute Nacht."" (S. 257)

Im Christentum wird ja eigentlich jeder angenommen. Eigentlich – weil die Menschen doch diesen oder jenen ablehnen, weil er zum Beispiel nicht richtig glaubt, weil er sich nicht richtig verhält, weil er vielleicht homosexuell ist, weil er eine andere Weltanschauung hat etc. Auch die klugen Theologen grenzen bestimmte Personen aus, obgleich sie sich immer auf Jesus berufen; aber das ist Teil ihrer Heuchelei!

Und bei der Großen Mutter, gibt es dort die universelle Annahme wirklich? Im realen Leben gibt es viele Verlierer, viele Gescheiterte, viele Menschen, die ihre großen Ziele nicht erreichen und ihre Träume nicht verwirklichen konnten.

Die Monsterwirtschaft des Kapitalismus ist ein gnadenloses Selektionssystem. Fabriken und Lager der Vernichtung gibt es heute überall! Die oft brutale Arbeit erfüllt nicht wirklich und sie befreit keinen von Abhängigkeiten, sie zerstört und tötet die Menschen. Die Reiche der Tiere und Pflanzen sind versklavt! Der Turbokapitalismus ist eine Art von Faschismus und sogar Rassismus, wenn man die glitzernde Fassade durchschaut.

Wenn man die Fakten betrachtet, muss man sich fragen, ob eine universelle, bedingungslose Annahme des anderen Menschen nur ein ideales Konzept ist, egal ob im Christentum oder bei der Mutter.

Wie soll sich der Mensch da zuhause fühlen, in der eigenen Stadt, in einer Beziehung, im Dasein, im Leben, wenn er doch weiß, dass es immer an Bedingungen geknüpft ist, die er erfüllen muss?

Verzweiflung

Goldmund, der sich mit Agnes, der Frau/Geliebten eines Grafen, eingelassen hatte, wird erwischt, ins Gefängnis geworfen und zum Tode verurteilt. Dort macht er sich Gedanken über sein Leben, von dem er klagend Abschied nehmen muss.

„Er roch den Morgengeruch der Heide, er schmeckte den süßen jungen Wein und die festen Walnüsse, es flog eine Erinnerung, ein aufleuchtender Widerschein der ganzen farbigen Welt durch sein bedrängtes Herz, untersinkend und Abschied nehmend glänzte das ganze schöne wirre Leben noch einmal durch alle seine Sinne, und er zog sich in ausbrechendem Weh zusammen und fühlte Träne um Träne aus seinen Augen rinnen. Aufschluchzend gab er sich der Woge hin, heftig flossen seine Tränen, zusammenstürzend gab er sich dem unendlichen Weh anheim. Oh, ihr Täler und waldigen Berge, ihr Bäche im grünen Erlengehöz, ihr Mädchen, ihr Mondabende auf den Brücken, o du schöne strahlende Bilderwelt, wie soll ich dich lassen! Weinend lag er über dem Tisch, ein <u>trostloses Kind</u>. Aus der Not seines Herzens stieg ein Seufzer und <u>flehender Klageruf:</u> „O Mutter, o Mutter!"" (S. 269, m.U.)

Manchem Leser mag diese Textstelle zu sentimental sein. Wenn man bestimmte Gefühle nicht kennt oder nicht teilen kann, kann man schnell mit diesem ablehnenden Urteil kommen.

Das Klagen durchzieht die westliche Spiritualität bis heute. Wenn man vom Leid, vom drohenden Tod überwältigt wird, dann bleibt einem oft nur das Klagen über den Verlust. Man wird, wie Goldmund hier, zu einem hilflosen Kind, einem hilflosen, ohnmächtigen Menschen, der sich an seine Eltern wendet. Im Christentum ist es der Vater, hier ist es die Mutter. Das selbstbewusste Ich hat kapituliert, weil es absolut keine Rettung, keinen Ausweg mehr sieht und ruft nach der Mutter, die in diesem Fall mehr die reale Mutter ist, die ihm einmal das Leben gegeben hat. Also weniger eine himmlische Mutter, sondern mehr eine ganz irdische. Die philosophischen und spirituellen Konzepte einer universellen Mutter greifen jetzt nicht mehr, in der Stunde der tiefsten Verzweiflung, es bleibt die kindliche Klage. Manche mögen das lächerlich finden. Vielleicht waren sie noch nicht in einer vergleichbaren Situation und haben noch nie den Zusammenbruch ihrer Gedankengebäude erleben müssen.

Auch später im Text, nachdem Goldmund doch noch gerettet worden ist, bleibt er verzweifelt wegen der bösen, grausamen, ungerechten Welt. Er klagt Gott an, der eine solche Welt geschaffen habe. Eine Einteilung der Welt in ein ideales Reich des Guten, und in eine reale Welt, in der es das Böse, „Gemeinheit und Schweinerei", die „verbrannten Juden", die „Massengräber" und all das viele Elend der Menschheit gibt, gefällt Goldmund nicht. Er sieht sich in „eine hoffnungslos grausame und teuflische Welt hineingeboren". (S. 284)

Während die oben zitierte Stelle auf S.269 manchem Leser kitschig und sentimental vorkommen mag, mögen ihm der Weltschmerz und das viele Leiden depressiv vorkommen. Beide Urteile sind oft reflexartige Abwehrmaßnahmen, weil man sich mit den Gefühlen nicht auseinandersetzen will. Trotz der Tatsache, dass wir seit ca. dreißig Jahren über die „emotionale Intelligenz" Bescheid wissen, ist es noch längst nicht so, dass negative Gefühle allgemein akzeptiert werden.

Wer über den Verlust von Heimat, über abgeholzte Wälder, zugebaute Wiesen, verschwundene Schmetterlinge, ausgestorbene Singvögel klagt, gilt als sentimental. Tut er es zu oft, dann ist er sicher depressiv, braucht eine Therapie, also eine Desensibilisierung durch angepasste Gedanken und betäubende Medikamente. Das nennt sich Therapie, ist aber eine Anpassung an die Automatenwelt. Wer über eine gottlose, teuflische Weltordnung klagt, ist sicher depressiv, gibt es doch ein gigantisches Spaßprogramm; da muss doch keiner traurig sein. Und wer immer noch nach einem gerechten Gott oder einer liebenden Universalmutter ruft, wie ein kleines Kind, ist noch nicht richtig erwachsen geworden.

Rückkehr zur Großen Mutter, zur Göttin

Die Welt ist zwar grauenhaft und vergänglich, aber Goldmund findet seine Rettung in den Kunstwerken und in dem, was er „Urbild" nennt.

„Das Urbild eines guten Kunstwerkes ist nicht eine wirkliche, lebende Gestalt, obwohl sie der Anlass dazu sein kann. Das Urbild ist nicht Fleisch und Blut, es ist geistig. Es ist ein Bild, das in der Seele des Künstlers seine Heimat hat." (S. 286)

Narziss hört hier ein Bekenntnis zu der geistigen Welt, am Ende zu seinem Glauben. Goldmund ist aber eigentlich mehr an die materielle Welt gebunden und sieht das Göttliche eher in der Welt. Theologen tendieren leicht dahin, alles in ihrem Sinne zu deuten, weil sie von ihrer Weltanschauung so überzeugt sind, dass sie eine andere gar nicht wirklich akzeptieren können oder wollen. Jeder Leser des Romans muss sehen, wie er die Gedankengänge am Ende des Romans für sich deutet.

Gewissermaßen findet Goldmund seine Heimat im Kloster. Das mag uns merkwürdig vorkommen. (Vgl. den Anfang des 18.Kapitels) Aber er ist ja praktisch dort aufgewachsen, also nicht auf einem Bauernhof, nicht auf dem Land oder in der Natur. Als Künstler ist er auf einem Erfahrungsweg durch die Welt gewandert, um dann ein Kunstwerk im Kloster schaffen zu können, das vielleicht doch mehr die christliche Weltanschauung zum Ausdruck bringt als eine andere.

Am Ende des Roman präsentiert uns Hesse die Sterbephase von Goldmund. Es ist die Rückkehr zur Göttlichen Mutter. Sie nimmt ihn wieder zu sich. Langsam nimmt sie ihm das Herz aus der Brust. Die Mutter ist für ihn alles.

„Aber schon damals hat die Mutter mir gerufen, und ich mußte folgen. Sie ist überall. Sie war die Zigeunerin Liese, sie war die schöne Madonna des Meister Niklaus, sie war das Leben, die Liebe, die Wollust, sie war auch die Angst, der Hunger, der Trieb. Jetzt ist sie der Tod, sie hat ihre Finger in meiner Brust." (S. 329)

Narziss, der Theologe, wird vermutlich denken, dass Goldmund sie zwar Mutter nennt, aber doch Gott meint und zu Gott zurückkehrt. Eine alternative Spiritualität kann er nicht wirklich akzeptieren. Es ist auch kaum möglich in einer patriarchalisch dominierten Gesellschaft wirklich einen anderen Weg zu gehen. Genau diese Schwierigkeit spüre ich bei Hermann Hesse.

Am Ende hat Goldmund noch einen letzten „Traum, die schöne Figur, das Bild der großen Eva-Mutter. Noch sehe ich es, und wenn ich Kraft in den Händen hätte, könnte ich es gestalten. Aber sie will das nicht, sie will nicht, daß ich ihr Geheimnis sichtbar mache. Lieber will sie, daß ich sterbe. Ich sterbe gerne, sie macht es mir leicht." (S. 330)

Die Frage ist nun die, ob Goldmund die Heimat der Seele bei der Großen Mutter gefunden hat, ob für ihn und für Hesse die Religion der Göttin die Alternative zu der christlichen Theologie ist. Christen werden vermutlich immer sagen, dass er Gott, wenn auch in mütterlicher Gestalt, gefunden habe. Anhänger der Göttin sehen das anders, weil sie ein komplett anderes Verhältnis zur Natur, zur Materie, zur Sexualität etc.

haben. Man kann auch den Unterschied, wie es manche ja gerne tun, verwischen und behaupten, es käme darauf nicht an. Aber worauf kommt es an?

Auch wenn ich Hesses Spiritualität der Göttin für noch nicht entwickelt genug halte, so möchte ich ihn doch in diesem Sinne deuten. Damals, 1929, wusste man auch längst nicht so viel über diesen spirituellen Weg wie heute, 2015. Hinter einer Egalisierung steckt für mich immer der Versuch, einen anderen Weg nicht zulassen zu wollen. Und eine Umdeutung in dem Sinne, dass auch Goldmund am Ende doch zu Gott gefunden habe, verbietet sich aus meiner Sicht.

Fazit: Narziss und Goldmund ist ein Roman über die GÖTTIN. Seine Heimat, sein seelisches Zuhause findet er bei ihr.

11. Kultstätten der Göttin

Überall gibt es Kultstätten aus der Vergangenheit. Heute werden diese meistens touristisch genutzt. Wenn man die Spuren der alten Naturreligion sucht oder reaktivieren will, dann hat man seine Schwierigkeiten, besonders dann, wenn die Kultstätte von vielen Menschen besucht wird, z.B. die bekannten Externsteine bei Detmold im Teutoburger Wald.

Wegen der vielen Besucher kann man, aus meiner Sicht, hier nichts praktizieren. Vielleicht ja zu ganz frühen oder späten Tageszeiten. Aber ich wohne nicht in der Nähe. Grundsätzlich halte ich es für besser, wenn man seine Kultstätten in der Nähe hat und diese leicht aufsuchen kann.

Gierenberg und Glaner Braut

Beide Orte befinden sich in und bei Dötlingen, einem kleinen Dorf nördlich von Wildeshausen. Sie sind leicht zu Fuß zu erreichen.

Was die beiden Orte einmal in der Steinzeit oder im Laufe der Geschichte bedeutet haben, interessiert mich nicht. Es sollte uns auch gar nicht interessieren, wenn wir einen neuen, frischen und lebendigen Zugang finden wollen, wenn wir einen Kultort für die eigene Naturreligion oder Naturspiritualität suchen.

Auf dem Gierenberg befinden sich einige Findlinge, darunter ein großer Stein, den ich als Sonnenstein ansehe. Auf der Oberseite kann man die Rune GIBUR in Form von zwei sich kreuzenden Linien erkennen. Da ich den Stein, wie gesagt, als Sonnenstein ansehe oder verstehe, möchte ich die natürliche Rune des Steines im Sinne der Gabe der Sonne in Form von Licht und Wärme deuten. Geschenk, Gabe, Vereinigung von Gegensätzen und mehr findet sich auf der Seite www.urwurz.de von Od*Chi.

Das Gebiet der Glaner Braut sind Megalithgräber. Es befindet sich westlich von Dötlingen, auf der anderen Seite der Hunte. Hier, abseits vom Dorf, ist eher die Nachtseite, die Anderswelt, die Jenseitswelt.

Sonne, das bedeutet, egal ob man das nun spirituell sieht oder nicht, immer Leben, Lebendigkeit, Feier des Lebens und des Daseins.

Der Gierenberg im Dorf und die Megalithgräber ergänzen sich wie das Reich der Lebenden und das Reich der Toten.

Glaner Braut mit Eiche

Klosterpark bei Schortens

Der Klosterpark ist einer der vielen Parks in Deutschland, der ein Heiliger Hain der Göttin sein könnte. Aber es ist nur ein Park, es wird nur als Park gesehen und verstanden. Naturreligion wird hier nicht praktiziert. Oder wenn, dann eher im Geheimen. Da eine Religion der Natur in diesem Land offiziell keinen Stellenwert hat, eher belächelt oder sogar als „heidnisch" verunglimpft wird, bleibt den AnhängerInnen nur der geheime, verborgene Weg.

Einerseits ist das bedauerlich, andererseits hat man auch seine Ruhe. Schlimm ist es vor allem dann, wenn Bäume gefällt werden, die aus spiritueller Sicht nicht hätten gefällt werden dürfen. Oder wenn es wieder dümmliche Neugestaltungen gibt.

Man muss durch solche Parks wie den Klosterpark gehen und seine besondere Stelle suchen, einen Baum, der einen anspricht oder der einen ruft. Mehr kann man nicht sagen. Mehr muss man nicht sagen.

Dort kann man seine Naturspiritualität kreativ leben und gestalten. Die Eibe auf dem Aquarell ist einer der besonderen Bäume im Klosterpark. Dort habe ich sogar spirituelle Spuren gefunden. Farbige Bändern, die im Baum hingen und Gaben für die Göttin unten am Stamm.

Alte Eibe im Klosterpark bei Schortens, Aquarell 30 x 40 cm

Mutter Erde ist überall

Wir denken vielleicht, dass wir unbedingt eine bestimmte Kultstätte aufsuchen müssten. Das ist jedoch nicht der Fall. Sicher, die eine mag uns mehr ansprechen, die andere weniger; bei der einen mögen viele Menschen sein, bei der anderen niemand. Aber am Ende finden wir MUTTER ERDE überall. Dafür müssen wir nur den tiefen, inneren Kontakt suchen.

„Innerer Kontakt" bedeutet für den Naturmystiker nicht, dass er nur in seinem Wohnzimmer zu meditieren bräuchte, dass er nur auf eine „Phantasiereise" zu gehen bräuchte. Nein, wir müssen hinausgehen, bei jedem Wetter, zu jeder Jahreszeit, in den Wald, ins Gebirge, ans Meer und in die Heide.

Den richtigen Kontakt zu MUTTER ERDE finden wir draußen. Um es nochmals modern zu formulieren, bei der Naturmystik handelt es sich um eine outdoor-Religion. Die Atmosphäre draußen im Wald oder am Meer ist entscheidend. Die Luft ist dort anders, die Geräusche, alles eben, alles, was wir mit unseren Sinnen wahrnehmen können, auch mit dem sechsten und siebten Sinn.

In der christlichen Tradition ist meistens alles zu verkopft. Man hat ein Wort, einen Text, seinen Verstand, seine Meinung, seine Ansicht, sein Gebot, seine Moral. Aber sonst? Es gibt zwar die Tradition der Kontemplation, die in den letzten Jahrzehnten (vgl. Willigis Jäger) auch reaktiviert worden ist, aber viele praktizieren sie gar nicht.

Bei MUTTER ERDE geht es immer ums Herz, um Intuition, um Imagination, um das Spüren der Naturgeister. Man kann seine normalen Sinne kultivieren, z.B. den taktilen Sinn, indem man die Bäume, ihre Rinde berührt oder den Sand am Meer. Außerdem kann man den sechsten Sinn (Intuition) und den siebten Sinn (Präkognition) trainieren. Wer mehr und tieferen Kontakt zur Natur sucht, wird seine Sinne trainieren müssen, nicht nur „gucken" aus der Distanz heraus. Der Sinn von Kunst besteht u.a. darin, Dinge sichtbar zu machen, die eine Digitalcamera oder das Smartphone nicht erfassen können. Hier ein Aquarell der grünen Göttin.

Grüne Göttin unter einer Eibe, Aquarell 30 x 40 cm

Regenstein

Der Regenstein bei Blankenburg ist ein völlig verdorbener Berg. Es war sicher, vor sehr langer Zeit, einmal eine naturreligiöse Kultstätte. Aber das ist sicher sehr, sehr lange her. Heute ist es ein Ziel für Touristen. Es sind einfach zu viele Änderungen an dem Berg vorgenommen worden, als dass man ihn noch reinigen oder gar renaturieren könnte. Man könnte es allerdings schon, aber dazu müsste man sich erst einmal von falschen Zielen befreien, bloße Vermarktung, Fixierung auf die Vergangenheit, Ritterspielchen etc. Zweitens müsste man neue, klare Ziele haben. Aber man kann sich ja nicht einmal auf „reine Natur" einigen. Bei vielen gegensätzlichen Ansichten kann es keinen Neustart geben.

Es bleibt vielleicht nur die Phantasie. Diejenigen, die zu einem der Ritterfestspiele gehen, haben auch ihre Phantasie, allerdings ihre martialische. Vielleicht haben sie unbewusst Lust auf einen handfesten Krieg gegen böse Buben.

Wenn man auf dem höchsten Punkt steht, dann blickt man in Richtung Osten auf den sogenannten Hoppelberg. Eine sehr romantische Aussicht und man kann sich in die Zeit der Träume zurückversetzen. Der Hoppelberg ist bis auf die Reste einer kleinen militärischen Anlage naturbelassen.

Den Regenstein hat man in früheren Zeiten militärisch missbraucht. Ich halte es für Missbrauch, wenn man die Natur einfach für eigene Zwecke der Macht umgestaltet, um eine Festung errichten zu können. Dem Militär ist das schon immer völlig egal gewesen. Strategisch wichtige oder interessante Orte wurden so komplett und total dem militärischen Zweck untergeordnet. Das ist das absolute Gegenteil einer Achtung und Verehrung der Göttin der Natur. Im letzteren Fall lässt man den Ort so, wie er von der Natur geschaffen worden ist. Jede gravierende Veränderung wäre ein Sakrileg.

Die Bäume sind die Hüter des Berges. Man kann sich an die Bäume halten. Sie bewahren, wenn auch vielleicht mühsam, den Geist der Göttin. Mit Hilfe der Bäume kann eine gewisse Reaktivierung gelingen, denke ich.

Für ein Ritual wird man sich besser in die nähere Umgebung auf einen der Felsen zurückziehen müssen, wo man ungestört ist und wo keiner der normalen Besucher hingeht.

Es ist und bleibt aber schmerzlich zu sehen, was Menschen aus einem ehemals schönen Ort gemacht haben. Sie haben, um es klar und deutlich zu sagen, das Heilige besudelt und einen Ort der Erde versaut.

Ein weibliches Gegenstück zum hoch aufragenden Regenstein findet sich im Wald, die **Sandsteinhöhlen**. Dort hat man mehr das Gefühl von naturbelassener Welt, von archaischen Kulten, von geheimnisvoller Magie und dem Wirken der Göttin. Ob hier irgendetwas in der Hinsicht praktiziert wird, ist mir nicht bekannt. Mir war eine kleinere, zartere Höhle aufgefallen, in der ich eine gewisse Reinheit und Sanftheit spürte. Zwei für mich wichtige Aspekte der Göttin: Reinheit und Sanftheit.

Thorstein

Der Thorstein ist eine markante Felsformation südwestlich von Halberstadt und von Langenstein aus zu erreichen. Er liegt am nördlichen Rand der Thekenberge. Die Bezeichnung „Gläserner Mönch", die man auf Karten und Schildern lesen kann, halte ich einfach nur für falsch und dümmlich.

Über einige Holztreppen kann man auf den höchsten Punkt des Thorsteins steigen und hat von dort eine großartige Weitsicht über das Land. Eine touristische Erschließung durch Treppen ist auch eine Art von Usurpation, allerdings nicht so schlimm wie die militärische. Da sich die Felsformation im Wald befindet, kann man diese Tatsache mal zur Seite schieben, besonders dann, wenn man die Milane kreisen sieht.

Der germanische Gott Thor oder Donar mag an diesem Kraftort verehrt worden sein. Die Felsformation erinnert ganz natürlich an männliche Kraft, an elektrische Energie, an abrupte Entladung, an Donnerkraft. Man kann sich hier diesem Thema widmen. Die mehr solitär stehende Felsnadel mag einem da als steinernes Symbol dienen.

Geht man den Weg vom Thorstein weiter in südliche Richtung, dann gelangt man zu einem magischen Ort, den man als weibliches Gegenstück zum Thorstein begreifen kann. Einige flache Felsen umrahmen eine länglich Vertiefung, die man als einen Schoß der Erde ansehen kann. Von hier hat man einen Ausblick auf den Brocken.

Wandelnde Zeiten und Kultstätten

Jeder weiß, dass sich die Zeiten wandeln. Je älter man wird, desto mehr fällt einem das auf. Alte Zeiten sind längst vergangen, längst vorbei.

Auch Kultstätten sind einem Wandel unterworfen. Sie bleiben nicht so, sie bleiben nicht das, was sie einmal waren. Schon im Laufe von Jahrzehnten ändert sich viel. Das gilt auch für meine Stätten auf dem Hügel bei meinem Dorf. Anhand von unzähligen Fotos könnte ich das dokumentieren. Aber für wen? Es bleibt doch dabei, dass die Zeit vor ca. 25 Jahren vorbei ist, und alle anderen Zeitpunkte ebenfalls.

Menschen haben ja seit vielen Jahrtausenden mit ungeheurem Aufwand versucht, gigantische Bauwerke zu errichten, als Bollwerke gegen die Zeit und den Verfall. Es zerfällt jedoch alles, vor allem dann, wenn es nicht genutzt wird. Und wie wird es genutzt? Wird es überhaupt genutzt, richtig, im Sinne der Erbauer? Ist eine sich permanent wandelnde Nutzung eine Garantie für den Bestand?

Im Sinne des buddhistischen Denkens ist alles leer, ohne für immer bestehende Substanz. Alles sind nur transitorische Zustände. Jedes Ritual ist ein spirituelles Handeln im Kontinuum der Zeit. Schnell ist jedes Ritual vergangen, schnell ist es vergessen. Von den Menschen der Steinzeit wissen wir im Grunde nichts. Von ihrem Leben, von ihrem Sein, von ihren Gebeten und Gesängen. Ob Stonehenge oder die Lübbbensteine bei Helmstedt, wir haben nur Relikte. Meine eigenen Stätten sind auch nur das. Wenn es keine Menschen gibt, die Spiritualität leben, sind es eben nur Steine.

Hier zwei Fotos von meinen Kultstätten: Owoo (Steinpyramide) und Sonnenrad (Steinkreis).

Im Tal des grünen Flusses

Mit dem grünen Fluss meine ich die Isar. Sie ist tatsächlich grün, es ist also mitnichten nur eine Metapher. Das Flusstal der Isar zwischen Krün und Vorderriß ist naturbelassen. Es ist sehr wild, teilweise unzugänglich.

Man kann hier viel Chaos finden. Chaos der Natur. Ganze Haufen von angeschwemmten Baumstämmen, Hölzern, Stöckern, Grassoden, darunter auch immer wieder Zivilisationsmüll. Aber es ist vor allem ein natürliches Chaos der Natur.

Die Natur hat die Berge geschaffen, die Wälder, die Tannen, die Wiesen. Gleichzeitig zerstört die Natur das Geschaffene wieder. Immer mal wieder entstehen so chaotische Zustände, die sich dann, von selbst, wieder harmonisieren, bis sie erneut vom Chaos des Flusses heimgesucht werden.

All das sind natürliche Prozesse. Ob der Mensch nun existiert oder nicht, das ist egal. Es war vorher so, es wird nach der Ära des Menschen so sein. Es wird sich niemals ändern. Es ist das Prinzip von Schaffen und Zerstören, das die Natur selbst ist.

In solch einem Flusstal gibt es keine für immer bestehende Kultstätte. Alte Medizinräder von mir sind längst verschwunden. Dort, wo ich mal gestanden habe, kann ich heute nicht mehr stehen. Das ganze Bett des grünen Flusses hat sich gewandelt. Der Fluss fließt jetzt anders. Und in einigen Jahren wieder anders.

Man muss es so nehmen, wie es ist.

Alle Ansprüche sind falsch, werden von der Natur nicht erfüllt. Wir können uns nach einer ultimativen Befreiung sehnen – mehr aber nicht. Auch der Himmel wandelt sich. Der ist nicht immer hell und klar und weit. Oft ist er düster, wild und unberechenbar.

Selbstbildnis, im wilden Tal der Isar, Aquarell 30 x 40 cm

auf dem Vision Hill, Mitte des Sonnenrades

12. Rituale für die Große Mutter

1. Gehe oft nach draußen und besuche die realen Orte der Umgebung. **Zu Fuß!** Suche sie immer wieder auf, bei jedem Wetter, zu jeder Jahreszeit. Suche eine Vision!
2. Die **Trommel** ist das "Pferd" des Schamanen. Wer keine Trommel hat, sollte sich eine besorgen. Wenn man trommelt, spürt man den Herzschlag der Erde. Dafür gibt es kein besseres Instrument.
3. **MUTTER ERDE**, das ist immer das Konkrete, Reale. Das findet man draußen, auf den Bergen, im Wald, am Meer etc.
4. Rituale für die **Große Mutter**, für **Mutter Erde:** An einem besonderen Platz (Quelle, Felsen, großer, alter Baum, Heiliger Hain etc.) in der Natur kann man Rituale für Mutter Erde durchführen. Man kann sich auf einen Aspekt der Großen Mutter konzentrieren, z.B. Schutz, Nahrung, Fürsorge, Reinheit.
5. **Gebete, Lieder und Chants** kann man überall verwenden, laut oder leise. Man kann sich an vorgegebene Modelle halten oder man kreiert aus wenigen Zeilen seinen eigenen Chant, den man dann öfter singt.
6. Man kann sich in der eigenen Wohnung einen **Altar der Großen Mutter** schaffen. Der Kreativität sind da keine Grenzen gesetzt. Es reichen auch ein Foto und eine Kerze.
7. Beim Wandern in Feld, Wald und Wiesen kann man gut eine **Achtsamkeitsübung** machen, indem man genau die zarten Blumen oder Tiere beobachtet, die Schmetterlinge, die Flockenblumen, das Johanniskraut und vieles mehr. Alles drückt Zartheit und Sanftheit aus, und diese können wir in uns selbst aktivieren.
8. **Meditation in Stille**. Einfach nur still und empfangsbereit sein, ohne große Erwartungen, die Göttin wirken und walten lassen. Wenn niemand in einer Kapelle oder einer Wallfahrtskirche ist, dann lässt sich das gut umsetzen. Ansonsten gibt es überall in der Natur sehr viele Orte.

Schamanin in der Heide, Aquarell 30 x 40 cm

13. Warum das Christentum gar nicht zu uns gehört

Das Christentum ist so wenig unser Eigenes wie der Islam, denn beide Religionen sind in einer ganz anderen Region, bei einem ganz anderen Volk entstanden. Es ist nicht bei uns entstanden, sondern es wurde uns mit Gewalt aufgezwungen, besonders durch Karl dem Großen im Norden Deutschlands.

Was bei uns einmal heimisch gewesen war, das war eine Form der Naturreligion. Sie wurde mehr oder weniger ausgerottet. Solche brutalen Maßnahmen wirken nach, bis in die heutige Zeit. Es ist also nicht vergessen. Heilige Bäume, heilige Haine, heilige Quellen und Berge, das ist immer noch unser Eigenes. Teilweise hat das Christentum versucht, diese für sich zu vereinnahmen. Ein mieses Spiel, weil das Christentum kein wirklich naturverehrendes Element hat.

Im Grunde gibt es kein wirkliches Christentum, denn das wäre frei und flexibel, ohne kirchliche Machtapparate, ohne rigide Gesetze, ohne Bevormundung. Jesus hatte einen freien, individuellen Weg gepredigt. Genau deshalb wurde er ja ermordet, gewünscht von den Juden, durchgeführt von den Römern. Paulus vertrat das globale Denken, Petrus mehr das jüdische. Letzteres hat sich bis heute durchgesetzt und die jüdischen Elemente (Gesetze, Machtgott, Unterdrückung) bestimmen den Charakter. Sie glauben nicht an Jesus, sondern vor allem an JHWH. Deshalb nehmen sie auch immer das AT als absoluten Maßstab und geistige Orientierung.

Das Germanische, das Urdeutsche, war immer frei und selbstständig, dezentral und regional gebunden. Die einzelne Region war wichtig. Nicht einmal der rigide Machtapparat der katholischen Kirche konnte daran etwas ändern. Kleine Regionen sind überschaubar, mit ihnen kann man sich identifizieren, z.B. mit Ostfriesland, dem Ammerland, der Lüneburger Heide etc. Man kann nur eine kleine Region lieben. Ein ganzes Land ist zu groß, zu vielfältig, zu komplex. Der Hamburger identifiziert sich mit Hamburg, nicht gleichzeitig mit Berlin, Bremen, München und Köln.

Das Germanische macht stark und groß, stolz und selbstbewusst. Das

Christentum macht oft eher klein, demütig und unterwürfig. Allein dieser fundamentale Gegensatz sollte uns die Augen öffnen. So gesehen denke ich, dass Obrigkeitsdenken und Untertanengeist nicht wirklich deutsch sind. Der Despotismus kommt aus dem Nahen Osten, und dort herrschen ja immer noch die Despoten!

Wer immer „Herr, erbarme dich!" jammert, kann niemals frei werden. Er bleibt immer der klagende Wurm! Er bleibt der Sklave, auch wenn er sich frei dünkt. Heute ist er der Sklave einer allmächtigen Wirtschaft, die wie ein absolutistischer Herrscher alles dominiert! Eine freie Wirtschaft, das wären fairer Handel, Genossenschaften, faire Verteilung etc. Heute kriechen die Menschen wie Würmer vor den Wirtschaftsbossen und betteln um einen Job, um genug Geld, um eine Wohnung etc. Das ist menschenunwürdig und das Gegenteil einer humanistischen Gesellschaftsform.

Das Gerede von Freiheit ist eine einzige Lüge. Wir sind nicht frei! Die Christen sind so wenig frei wie die Muslime, denn ihnen wurde auf subtile Weise eine Religion aufgezwungen. Selbst wenn sie diese ablehnen, dann sind sie in der Ablehnung immer noch abhängig vom **absolutistischen Denken**, das sie dann auf die Wissenschaft, eine politische Ideologie, einen anderen Glauben oder was auch immer übertragen. Politisch gesehen sind wir auch nicht frei, da kann Präsident Gauck so viel predigen, wie er will. Wir können keine echten Alternativen wählen, vor allem können wir niemanden abwählen. Gerade in einer Krise müsste man eine Regierung oder eine Kanzlerin abwählen können, oder? So wie die Wirtschaft, so will uns auch die Kirche nur vorgaukeln, wir wären frei. Leute, die glauben, sie wären frei, tun dann das, was sie tun sollen, gehorchen, brav arbeiten, in einen Krieg ziehen, neue Untertanen zeugen, für die Mächtigen schuften, damit sie noch reicher werden, obgleich sie bereits mehr als genug haben und, wenn es ganz schlimm kommt, sich für einen Gott opfern, sei es auf dem Schlachtfeld oder im stressigen Beruf. Halleluja!

(Übrigens ist Halleluja kein deutsches Wort, Passt also nicht zu uns.

Hallelu-Jah, preiset Jahwe, ist die jüdische Wurzel. Allein in dieser Formel gründet die permanente Sabotage der Botschaft von Jesus.)

Westliche Menschen sprechen mit Verachtung von sogenannten „Menschenopfern" in der Vorgeschichte. Hat es sie wirklich gegeben? Ich möchte das bezweifeln. Irgendwelche Sklaven für prähistorische Götter zu opfern, das wäre auch nur schäbig. Ich kann mir nicht vorstellen, dass das stattgefunden hat. Aber, wie auch immer, Christen sprechen davon, dass Gott seinen Sohn für uns geopfert habe, damit wir erlöst seien. Das ist völlig verkorkstes Denken! Die Juden haben Jesus von den Römern kreuzigen lassen, weil sie seine Eigenständigkeit gehasst haben. Das ist erst einmal Faktum. Ein Gott, der ein echter, menschenfreundlicher Gott wäre, also kein Schlächter, kein Zebaoth (= Herr der Heerscharen, klarer gesagt: kein Führer der Soldaten), würde niemanden opfern. Warum sollte er das tun? Wenn er heilen und erlösen will, dann kann er das sofort und direkt tun – oder es halt lassen. Offensichtlich werden die meisten Menschen weder geheilt noch erlöst. Auch das ist eine Tatsache!

Germanisches, deutsches Denken würde ich mal als sauber, klar, logisch und anständig bezeichnen wollen. Das mag eine retrovertierte Idealisierung sein. Aber wir könnten es ja für die Zukunft anstreben, oder? Wenn wir es anstreben, müssen wir verkorkste Erklärungen wie die obige ablehnen.

*

Die christliche Illusion eines „lieben Gottes" finde ich nicht mehr zeitgemäß. Es gibt keine wirkliche Hilfe von oben, keine Rettung, keine Erlösung, nichts. Wir sind und bleiben das, was wir schon immer waren: **Spielball des Schicksals**. Es geschieht Gutes, es geschieht Böses. Manchmal mag es sich die Waage halten, oft aber auch nicht. Gegenwärtig gibt es viel zu viel Aggression und Hass in der Welt, viel zu viel Gewalt, auf allen Ebenen, von der körperlichen bis hin zu Wirtschaftsstrukturen. Es gibt viel offenkundig Böses und vieles, das sich hübsch tarnt, aber auch böse ist, weil es die Natur oder die Menschen zerstört.

Wo, bitte schön, ist da die **große Erlösung** der Menschen?

Seit über 50 Jahren warte ich persönlich auf eine bessere Welt. Wo ist sie? Wann kommt sie? Trägt das Gute etwa immer den Sieg davon? Nein, überhaupt nicht.

Eine Illusionsreligion hilft uns nicht. Besser ist es, realistisch zu sein. Götter zu haben, die wie die große Natur ambivalent sind. Die mal gut sind, dann aber wieder böse. Für uns Menschen ist alles unbeherrschbar und wir sind abhängig von Kräften der Natur, seien diese in uns selbst oder außerhalb von uns.

Das Christentum ist mal mit dem großen Versprechen daher gekommen, es hätte etwas Besseres zu bieten als die reine Beschreibung der Natur, es gäbe Hoffnung, ein höheres Reich, Erlösung, Auferstehung und eine himmlische Existenz.

Klingt alles wunderbar, ist aber doch nur eine Illusion, ein Beruhigungsmittel für die Seele, oder, um es mit Marx zu sagen, *Opium*, ein Betäubungsmittel. Passt das zu uns? Ich denke nicht, wir sind Realisten. Wir sehen die Welt, wie sie nun einmal ist.

Naturvölker, und ich rechne die Germanen dazu, haben immer die Ambivalenz der Natur gesehen. Es gab das Helle und das Dunkle, es gab die Kreativität und die Zerstörung. Der indische Gott Shiva ist dafür ein typisches Beispiel. Indogermanisches Denken unterscheidet sich von dem semitischen. In den Ländern des Nahen Ostens wurde immer der totalen Macht gehuldigt, die angeblich nur „gut" sei. Dabei macht man sich und anderen etwas vor, denn tatsächlich ist der christliche Gott ja ein brutaler Zyniker, der sich am Blut all seiner Märtyrer berauscht, von den Propheten über Jesus bis hin zu Bonhoeffer und Kolbe. Der „liebe Gott" ist ein Euphemismus für kleine Kinder.

Es wäre schön, wenn es eine Erlösung gegeben hätte oder wenn es sie einmal geben würde. Es gibt sicher Menschen, die dafür arbeiten; andererseits gibt es Menschen, die genau dagegen arbeiten und gar keine erlösten Menschen wollen, sondern eine geknechtete, versklavte Menschheit. Wenn mehr Menschen für eine ökonomische und psychische Erlösung arbeiten würden, wäre wir ja weiter, als wir es heute sind. Das spirituelle Ziel einer Erlösung (Erleuchtung) wurde leider immer für machtpolitische Interessen missbraucht. Der normale Bürger soll seine Illusion pflegen, während die Reichen ihre Herrschaft ausbauen. Die Reichen sind die Herren der Welt. Im Grunde sollen wir sie bewundern und anbeten, und blind glauben, sie wären unsere Wohltäter und würden uns erlösen. Nein, sind sie nicht, sie sind Sklavenhalter, seit der Antike. Aber umso mehr müssen wir jedoch für eine Erlösung arbeiten, politisch, sozial, psychisch, mental und spirituell.

„**Nächstenliebe**" gilt als der positive Werte des Christentums schlechthin. Dagegen ist im Prinzip nichts zu sagen. Aber dann sollte man auch konsequent sein und die unteren Schichten der Bevölkerung anständig bezahlen, Obdachlosigkeit und Armut mit allen Mitteln verhindern. Tut das diese angeblich christliche Gesellschaft? Nein!

Aus naturreligiöser Sicht greift eine auf den Menschen begrenzte Nächstenliebe zu kurz. Was ist mit den Singvögeln im Garten? Was mit den Hirschen, den Wildschweinen, den Füchsen, den Bussarden etc.? Was ist mit den alten, großen Bäumen und allen anderen Pflanzen? Der Naturmensch fühlt sich mit allem eng verbunden, sieht in Tieren und Pflanzen Mitgeschöpfe, die geachtet werden müssen! Um ihrer selbst willen, denn sie sind erst einmal Zweck für sich, nicht für uns. Das Christentum bietet uns da nichts an, weil es einen anthropozentrischen Standpunkt vertritt. Es ging und geht immer nur um dem Menschen.

Zu einem germanischen Naturmenschen passt das nicht, denn er sieht die ganze Natur, den ganzen Wald, die ganze Heide, eben alles. Jeder rücksichtslose Eingriff ist ein Frevel an der Natur, an der Heimat!

Liebe und respektiere die nächste Natur, denn sie ist deine Heimat. So müsste es heißen.

Ritual in norddeutscher Landschaft, Aquarell 30 x 40 cm

14. Ein neuheidnisches, schamanisches Bekenntnis des Lebens

- Wir Neuheiden, Schamanen, Naturmystiker, Freunde der Erde etc. glauben nichts, denn wir gehen einfach von den Tatsachen des natürlichen Lebens aus.
- Geister und andere Wesenheiten sind Teil einer umfassenden Natur. Das wissen wir aufgrund von Erfahrungen. Erfahrungen sind der Weg und müssen selbst gemacht werden.
- Wir glauben an keinen „Gott der Allmacht" oder Ähnliches, sondern nehmen das Leben, wie es ist: vielfältig, wandelbar, voller Entwicklungen, Wunder und Schönheiten. Individuelles Leben ist immer endlich, und das ist auch gut so.
- Wir wollen die Welt nicht verändern durch immer mehr Technik, sondern die natürliche Welt erhalten. Die natürliche Welt der ursprünglichen Natur auf dieser Erde ist unser Maßstab.
- Die Übermacht des Menschen und seine Überzivilisation halten wir für einen Irrweg der Entwicklung (Evolution), weil er das ökologische Gleichgewicht auf der Erde zerstört hat und weiter zerstört.
- Alle Lebewesen haben ein Recht auf Leben. Alle sind nur Mitgeschöpfe. Wir wollen keine Welt ohne Insekten oder Singvögel.
- Jeder Mensch sollte an seinem Geist arbeiten, ihn entwickeln, indem er ihn von primitiven Elementen (Z.B. Süchten, Phobien oder Obsessionen) reinigt und so allmählich ein „besserer" Mensch wird.
- Das Leben an sich bildet eine universelle Gemeinschaft. Daran sollte sich auch der Mensch mit seinen Gesellschaften orientieren. Tiergemeinschaften scheinen uns intelligenter, z.B. Ameisen, Wölfe, Bienen.
- Wir denken nicht nur an uns, sondern an kommende Generationen nach uns, denn wir sind nur Hüter der Erde auf Zeit.
- Wir wollen ganz einfach die Vielfalt und Heiligkeit des Lebens in seinen natürlichen Formen achten und erhalten. Das ist unsere spirituelle Lebensform. Wir praktizieren sie überall, zuhause, im Garten, im Wald, in der Heide, auf den Bergen.

- Wir sind bewusst und im Herzen „heidnisch", d.h. verbunden mit der Landschaft und dem Wesen der Heide. Wenn man mit einer Landschaft verwurzelt ist, muss man Fremdes ablehnen und abwehren. Die Wölfe der Heide würden auch keine Schakale aus Ägypten in ihrem Revier dulden, wenn man sie einfach in die Heide schicken würde.
- Wir halten uns an die Ordnung von MUTTER ERDE.

Auf der Seelen-Insel Wangerooge, Osten

Wolf E. Matzker, geb. 1951. Mystiker, Dichter und Künstler.

Wangerooge – Seeleninsel, naturmystische Gedichte, 2010.
Schamanismus als moderne Naturreligion – Grundlagen und Wege eines spirituellen Schamanismus, 2010
Traumzeitpfade, schamanische Seelenfindung auf magischen Wegen, 2013
Wilder Brocken, Deutschlands heiliger Berg der Dichter, Maler und Naturverehrer, 2013
Der Wolf – Krafttier der Seele. Über den Wolf im feinfühligen Schamanismus, 2014
Adler im Schamanismus. Adler, Rabe und andere Vögel im schamanischen, naturmystischen Weltbild, 2015
Der heilige Wald. Magie, Schönheit und Spiritualität des Waldes, 2016

Weitere Informationen unter: www.visionhill.de

Literaturverzeichnis:

1. **Boulet, Susan Seddon**: The Goddess Paintings, San Francisco 1998
2. **Davis, Elisabeth und Carol Leonhard**: Im Kreis des Lebens. Die dreizehn Archetypen der Frauen. Uhlstädt-Kirchhasel 2010
3. **Grün, Anselm**: Wo ich zu Hause bin, von der Sehnsucht nach Heimat. Freiburg im Breisgau 2011
4. **Hageneder, Fred**: Die Eibe in neuem Licht, Saarbrücken, 2007
5. **Hageneder, Fred**: Geist der Bäume. Eine ganzheitliche Sicht ihres unerkannten Wesens, Saarbrücken 2004
6. **Hesse, Hermann**: Narziss und Goldmund, Frankfurt am Main 2013. Suhrkamp Basisbibliothek Nr.40
3. **Husain, Shahrukh**: Die Göttin. Das Matriarchat, Mythen und Archetypen, Schöpfung, Fruchtbarkeit und Überfluss. Köln 2001
4. **Ingerman, Sandra**: Heilung für Mutter Erde. Wie wir uns und unsere Umwelt verwandeln können. Berlin 2006
5. **Matthews, Caitlin**: Die Göttin, Braunschweig 1992
6. **Roth, Gabrielle**: Das befreite Herz, München 1990
7. **Skadé, Cambra**: Am Feuer der Schamanin, Reisewege im Altai, Freiburg 2007
8. **Stamer, Barbara**: Märchen von Mutter Erde, Krummwisch 2013
9. **Starhawk**: The Spiral Dance, A Rebirth of the Ancient Religion of the Great Goddess. New York 1999

Alle Fotos, Aquarelle und Symbole sind vom Autor.

Niedersachsens neues Krafttier, Aquarell 30 x 40 cm

auf dem Brocken, ein Heimatberg, Südwestseite

Wolf E. Matzker – www.visionhill.de